I0566781

DISCLAIMER

The author and publisher are providing this book and its contents on an "as is" basis and make no representations or warranties of any kind with respect to this book or its contents. The author and publisher disclaim all such representations and warranties, including but not limited to warranties of merchantability. In addition, the author and publisher do not represent or warrant that the information accessible via this book is accurate, complete, or current.

Except as specifically stated in this book, neither the author nor publisher, nor any authors, contributors, or other representatives will be liable for damages arising out of or in connection with the use of this book. This is a comprehensive limitation of liability that applies to all damages of any kind, including (without limitation) compensatory; direct, indirect, or consequential damages; loss of data, income, or profit; loss of or damage to property; and claims of third parties.

This Book Offers Free Bonus Puzzles
Available Here:

BestActivityBooks.com/WSBONUS20

5 TIPS TO START!

1) HOW TO SOLVE

The Puzzles are in a Classic Format:

- Words are hidden without breaks (no spaces, dashes, ...)
- Orientation: Forward & Backward, Up & Down or in Diagonal (can be in both directions)
- Words can overlap or cross each other

2) LEVEL UP THE GAME!

A space is provided next to each word to write new ones, translations or notes. We also offer a convenient **NOTEBOOK** at the end of this edition. It can help you organize your annotations, new words and/or observations.

3) TAG YOUR WORDS

Have you tried using a tag system? For example, you could mark the words which have been difficult to find with a cross, the ones you loved with a star, new words with a triangle, rare words with a diamond and so on...

4) EASY TO CUT!

The Puzzles come with an Extra Large margin to easily cut the page out of the book. Some people may feel it more convenient to solve them this way.

5) FINISHED?

Go to the bonus section: **MONSTER CHALLENGE** to find a free game offered at the end of this edition!

Want **more fun** and activities to **relax? It's Fast and Simple!** An entire Game Book Collection **just one click away!**

Find your next challenge at:

BestActivityBooks.com/MyNextWordSearch

Ready, Set... Go!

Did you know there are around 7,000 different languages in the world? Words are precious.

We love languages and have been working hard to make the highest quality books for you. Our ingredients?

One part easy-to-read print, three parts entertainment, then we add some challenging words and a pinch of rare ones. We brew them with care to serve you lots of fun and an opportunity to solve the best puzzles.

Your feedback is essential. You can be an active participant in the success of this book by leaving us a review. Tell us what you liked most in this edition!

Here is a short link which will take you to your Amazon orders review page.

BestBooksActivity.com/Review50

Thanks for your fidelity and enjoy the Game!

Delta Classics Team

Puzzle 1

```
A  G  I  L  N  A  M  K  R  B  T  F  F  J  D
F  V  R  A  H  M  Q  G  X  Y  U  Ö  R  J  T
I  D  G  E  P  G  R  M  V  N  C  R  I  C  L
C  D  O  Ö  S  L  T  K  U  R  F  D  I  S  E
K  Q  A  J  R  T  L  E  K  Y  C  E  D  X  D
A  G  N  B  C  A  A  L  Å  K  X  L  R  P  S
S  F  N  O  I  A  S  U  Ä  D  X  N  O  Y  E
F  K  Ä  T  K  E  L  W  R  G  M  J  T  I  N
K  S  R  H  P  X  F  Y  K  A  R  V  T  H  J
L  I  B  T  S  A  L  X  R  S  N  E  H  W  H
A  T  N  W  B  C  D  V  K  F  O  G  E  G  E
T  I  L  L  F  Ö  R  L  I  T  L  I  G  O  M
T  R  I  R  I  M  Y  B  O  X  T  R  P  L  A
U  K  U  Z  P  X  E  W  O  Q  H  M  M  V  N
```

LÄGRE	HEM
BRÄNNA	AVGÖRAS
MANLIGA	KÅL
LASTBIL	CYKEL
UTTAL	SALT
TILLFÖRLITLIG	FRIIDROTT
LEDSEN	KRITISK
GOLV	RESTAURANG
FÖRDEL	FRUKT
HAR	FICK

Puzzle 2

```
C F T H O F R H T L R M M F V
K U N D E R Ä C J E L A A A E
I P D N T C D R T L C R R R T
T M E W P R A F G O T K K F E
K F W F D W T F Ö S H E E A N
A U V L Y X C W H R T N R R S
A D R O Y V Q C L I R A A D K
D N Ä V R E T Å X G Q Å R Z A
M G D T A R E T I R R I D K P
L L O R T N O K U S C L M S A
F D A P Å O K W M X Z W A G G
D C P Y R G B Y L Ä M P L I G
V E T E G O O W T I X F E R Y
I N B L A N D A D T T B H K B
```

FARFAR	LYX
MARKEN	LÄMPLIG
VETE	KUNDE
ORDFÖRRÅD	KONTROLL
KRIGS	GRÅTA
INBLANDAD	KURVA
FÄRGSTARKA	TOG
IRRITERAT	MARKERA
ÅTERVÄND	HELA
BYGGA	VETENSKAP

Puzzle 3

```
G F G E Ö K K U R D B L O D S
R I W S R K V E A P P O S B T
L W R S E U D N B Q Q H L S O
F D K A Y J T Q R G S R Z B P
Q B P R F S H B Ä D A V E R P
S Z C K Y F U K B J T J T V A
I O F T I N N E H Å L L A T A
D D W S N A B B S O H P D R B
A V C R U F C K L D U Z P V O
C E U E D N A L L Å H R Ö F N
B T T C I Z O Ö X W Z V L E D
W R W B L K J J P T G B Z G E
W K E A F G H M I N D R E E N
G Y W V F Ö R H I N D R A N Y
```

SNABB
BONDEN
BLOD
BREV
KRASSE
EGEN
BÄRBAR
GIRAFF
ÖRE
SOPPA

VET
FÖRHINDRA
STOPPA
MINDRE
MJÖLK
SIDA
TYSTNAD
SJUK
INNEHÅLLA
FÖRHÅLLANDE

Puzzle 4

```
A N T E C K N I N G S B O K H
D H S B C N P R S S Y V K H Ä
L K N A S J F B E P C R U Z G
I G E L K O T T R U A C L S E
K A G E Z K E R R O K E T U R
S D A K C A J M Å C P I U L B
N S D V G N R R K V Q M R E V
E N R I P E O I W V M U J U W
O O Å Q H R G Y J K A J P H Y
M T G R B A P Q O Z I R K Y M
L E V E R E R A R F U L T Y S
G R Ä S S O M M A R E N L A N
R O L L U N C H E V D X A L
A D I G R I P A N D E T T T R
```

VÅRT	GRÄS
ONSDAG	KULTUR
ENSKILDA	SER
GRIPANDET	SOMMAREN
ARENA	GÅRDAGENS
JACKA	LUNCH
KILLAR	HÄGER
IGELKOTT	EKORRE
ANTECKNINGSBOK	LEVERERAR
ROLL	KVARTAL

Puzzle 5

```
L K D L G O V B A A K Y S U L
U Q Q S N Å H G Z R A B K B F
H Z Z F I K V X P T P E O C I
Q I Z Q N U M O D I A G L Z P
D F D I T V A U R K B W A Q R
V D C P Ä M L O R E E E N A T
L D F E M Y L W O L L V G K A
J Ä M F Ö R L V T M Q N A S B
I N T E R V J U X B I H J I E
S Y S T E R Y W C N M Y E P L
S Z T D A K Å R T T U E L O L
I O Ö H U A A K C I G T S R E
V D M X G N I N T U L L M T N
J D T K F R A T T R A K T I V
```

ATTRAKTIV	TORR
TROPISKA	RIKTNINGAR
JÄMFÖR	MÄTNING
MEST	KAPABEL
LUTNING	TABELLEN
MÖTS	DOM
VISS	UTTRÅKAD
ARTIKEL	SYSTER
GÅVOR	INTERVJU
GICK	SKOLAN

Puzzle 6

```
S Y D C V B O Y A J W Y R I K
Q O R H G M J L X P E E Ä G O
F X U E K J L G Z N L O H D V
W S J C D E D L L A K A M W O
J F D K U A V I T K A T A P A
M C Å T X R K E L S Z Å N M D
G D R M E R R O K C I L F T G
K I S H C A R I B O U L Y W H
V V M A N R U B U S S I Y K C
B Y X B A E T R Ö J A T V B N
S Ä V M R G H Ä N D E L S E V
H O U P P N B E D R I V A I T
L A R E L U K R I C A J E A D
G L I T Q F P J T A I Q A L M
```

TRÖJA	CIRKULERA
VIRTUELLA	KAM
RELATERA	HÄR
RÅDJUR	MER
AKTIV	HÄXA
BEDRIVA	TILLÅTA
BUSS	HÄNDELSE
FUNGERAR	TUR
APA	CARIBOU
FLICKOR	CHECK

Puzzle 7

```
E  L  D  F  L  U  G  A  R  O  T  S  K  X  H
F  U  X  X  Y  U  R  G  K  V  B  L  Q  H  Ä
T  O  P  J  C  K  G  Y  A  U  K  L  Y  H  R
Q  D  R  Å  G  B  F  T  N  Q  C  Ö  F  J  L
Y  E  A  T  U  X  B  R  T  Y  V  H  K  Z  I
E  F  N  S  S  N  S  E  L  Y  S  S  N  A  G
L  U  P  G  V  Ä  P  V  D  O  M  A  R  E  Q
E  M  P  M  O  A  T  Ö  X  J  T  N  W  D  T
F  R  Ö  L  X  C  M  T  H  S  S  N  H  E  W
A  O  H  W  Ä  W  V  P  E  J  R  I  Q  K  O
N  S  L  A  G  R  S  E  B  R  A  V  L  S  T
T  D  N  H  T  S  A  R  T  N  O  K  Z  F  I
E  G  E  N  D  O  M  R  S  N  Ö  B  O  L  L
V  A  C  K  R  A  R  E  E  B  F  D  W  N  R
```

HÖLLS
ÖVERTYGA
SNÖBOLL
KANT
LYSSNA
GÅRD
LÄRARE
KONTRAST
DOMARE
FORTSÄTTER

ELDFLUGA
KVINNA
ELEFANT
VACKRARE
ÖPPNAR
SVAMP
SKEDE
EGENDOM
HÄRLIG
STORA

Puzzle 8

```
T  J  H  X  T  E  P  V  A  X  Ä  V  P  R  V
I  Ä  U  K  K  R  E  T  L  Ä  B  P  E  A  A
T  Z  N  A  E  C  R  E  L  R  Q  K  D  C  R
A  G  M  D  C  R  S  O  Y  Y  C  B  N  U  M
N  U  N  R  E  D  O  M  H  I  K  K  E  H  A
D  Q  A  F  S  R  N  E  R  R  Ö  D  O  K  R
T  R  D  Ö  L  E  L  D  T  V  G  R  R  X  E
J  B  E  R  E  W  I  C  I  J  Z  Q  E  T  X
Z  K  M  B  D  A  G  I  L  O  S  W  B  I  U
S  T  Y  S  Ö  A  E  V  X  J  C  A  F  T  H
I  A  J  J  F  K  N  Y  F  W  A  U  M  T  Q
U  N  D  E  R  S  Ö  K  N  I  N  G  S  A  V
D  N  L  X  P  A  X  E  L  N  J  S  T  Å  L
X  X  L  A  W  O  Q  C  L  S  T  B  D  B  R
```

MAKE	MEDAN
DÖRREN	PERSONLIGEN
VÄXA	UNDERSÖKNING
STÅL	FÖR
TITTA	SOLIG
TAND	BEROENDE
HYLLA	MODERN
FÖDELSE	DRICKER
BÄLTE	VARMARE
TÄNDER	AXELN

Puzzle 9

```
S  I  Q  R  Z  D  Y  K  B  P  E  A  I  Ö  D
N  T  L  V  G  G  W  I  I  G  L  K  I  V  R
E  T  R  L  C  I  T  Y  L  Z  W  A  W  E  O
C  O  M  A  U  O  F  X  D  X  Z  D  N  R  P
T  R  I  R  F  S  F  N  O  H  K  E  B  L  P
T  B  L  Ä  J  F  T  I  D  T  K  M  H  E  E
R  N  I  L  I  T  A  R  G  H  G  I  D  V  C
M  H  T  U  W  G  R  K  E  R  R  S  S  A  M
Y  S  Ä  P  U  R  U  S  M  R  P  K  K  U  Y
C  B  R  O  M  P  R  P  I  I  A  A  K  E  M
K  N  A  P  R  E  T  S  N  Ö  F  R  M  F  M
E  E  N  D  A  S  T  S  Y  T  D  Q  Q  Q  D
T  S  K  Y  N  D  A  D  E  P  V  L  Y  A  Q
I  V  C  T  S  H  B  P  O  J  J  Q  B  T  B
```

CITY	BROTT
ÖVERLEVA	ILLUSTRERAR
AKADEMISKA	DROPPE
BILD	TYST
MYCKET	HON
MILITÄRA	MIN
FÖNSTER	ENDAST
STRAFFA	SKYNDADE
POPULÄRA	MUSIK
DIG	SKRIN

Puzzle 10

```
K R M O L N C K L L U F I O G
F A G G Y M L A T J S R N M A
N V K F E S T M L S Z Å V N X
E S K A P S W P S E Y G E Ä O
O R B H O Y W A D K H A S M P
K Ö S V Y Y Z N H N H D T N T
S F T B I O T J B C W E E A I
Z Ö S P E G L A R C Y W R N O
G I K R E L L Ä G D H I I D V
H O R N C E E U N P P F N E W
H Å G C I F M Q L J K L G F M
M E R H U N M A R K Ö R W X H
E Z M T J D G N I T N E G N I
P R O F E S S I O N E L L K Z
```

MARKÖR
FULL
MOLN
SÖKNING
PROFESSIONELL
GÄLLER
BIO
FRÅGADE
JUICE
KAKAO

MYGGA
SPEGLAR
INVESTERING
HÅRT
TIO
FEST
INGENTING
FÖRSVAR
OMNÄMNANDE
KAMPANJ

Puzzle 11

```
M R O A G U P P T Ä C K T K H
U E A P N Q D Y P Q K K P O E
D L L P I V I O A H C T A M G
V I E A L C Ä X K J R D E B B
O G S P D W V N S V L W R I U
M I U F N Z K V D Z E U E N N
Y Ö J S A R A V U S G H N E Y
Z S T S H N X N B I E Q P R Z
L A R H E P A F F P R Q Z A B
K C U P B T P L O M M O N R O
V R I G S A M E R I K A N S K
J D L Ä A L L M Ä N N A V R E
Q K N S T O R T B O R T R K I
B U G G B L O C K E R A R V K
```

PAPPA	FIGUR
VARA	BEHANDLING
BORT	SJÖ
PLOMMON	NÄSTAN
AMERIKANSK	BUDSKAP
KOMBINERAR	ALLMÄNNA
BLOCKERAR	RELIGIÖSA
UPPTÄCKT	MATCH
ANVÄNDS	REGEL
NERE	STORT

Puzzle 12

```
V J I I I L M S L L A P N N M
S R Å D D B S K Y X U A M Y A
G M V O E I C I X T Z R J A S
T R G H N B G D M K Z K L M K
B E S A T L L O I Z X S Q I R
G G Z C I I C F N T S I Y L Ä
S E C K S O M F S I R T U O M
C T M A K T R I K A V A T S P
S S I O L E P C N I B M O T P
U F T L T K C E I N G O M G U
X F J Z I S V R N N T T Y L F
U P P H Ö R T H G D V U Z G L
T A L A N G H Å O T Y A T K J
S T J Ä R N O R N A U I G V Q
```

AUTOMATISK	IDENTISK
STIL	BIBLIOTEK
UPPHÖR	MINSKNING
KAMP	STAVA
HACKA	RÅD
MOTSTÅ	STEGE
OFFICER	STJÄRNORNA
FLYTT	UPPMÄRKSAM
PARK	SKID
TALANG	UTOM

Puzzle 13

```
T X N I S S Q H P U N G W S J
B S D P C P K C W I C E G T I
A A A R E D R A V O N M S O N
K I W I N O K L A K O E V P H
P J E N A L C M L E G N Ä P Ö
V A L W R E D L Å I Ö S K A J
A G X S I C B W D P S K O D D
S F C K O R S L N V A A N E Y
P E B N Z P Y Ä Ä K L P T X M
I T T A D K M V R F G D A S V
L P P T S Q S P B D L E K D A
S F M L U M I W C U O L T D A
M A T T A M N B Z N S N X P P
V S W J M E X P E R I M E N T
```

KONTAKT

EXPERIMENT

BRÄND

SLIPS

KIWI

SKYLDIG

SOLGLASÖGON

ÄNGEL

KALKON

SCENARIO

ÅLDER

PIN

VAL

SETT

GEMENSKAP

VARDERA

VÄL

MATTA

HÖJD

STOPPADE

Puzzle 14

```
S L A H A U A S K L T R K T K
O Y M Q R I D N A Z K N V A H
S H N K E S L E N N Ä K E B S
A H R L S P A C C E P T E R A
M I W I I P E M J Y W Z G V X
M L U V L G U R R K M G S T D
A Z L I A R H I S T Ä T C D X
E Z S C K O I N M I P Z E D T
L V D Y O K S I F E L N N U J
W S C É L E G N P B J J W U E
P A L S T E R N A C K A A Z E
S A N N I N G R W P F R O S T
R E P A R A T I O N S G I M T
W G U F Y I P Ä R O N A I V G
```

SANNING	PÄRON
BEKÄNNELSE	PALSTERNACKA
SAMMA	NIO
KORG	HALS
GELÉ	SYNLIG
LOKALISERA	SCEN
REPARATIONS	TÄT
PERSILJA	ACCEPTERA
CIVIL	FROST
KNÄ	FISK

Puzzle 15

```
L I V S M I L J Ö Q N W P L T
J R E T A E T T I N S V K C J
V A P E N S K A L B A G G E Ä
P R G T C A P M O C B U S J N
Z E Å I R G R Y C E Z M Q I S
A D D Y K S O P N A O U J G T
R I N K S G C D S S S G F D E
B L Ä E S L E P K B U V Ö B M
E L E V C Z S H J Å J D T H A
Z O O N D A S O R M L F Å G N
B K D U B B E L K I U R B A W
F N C V P Y Z S G X M O O X O
F L E X I B E L T N O I E T M
V C X Q P R I V I L E G I U M
```

PRIVILEGIUM	VAPEN
SNITT	ZEBRA
TJÄNSTEMAN	KÅLROT
KOLLIDERAR	HÅR
ÄNDÅ	ORM
FLEXIBELT	LJUS
SKYDDA	SKALBAGGE
LIVSMILJÖ	DUBBEL
SUBCOMPACT	PROCESS
TEATER	DÖDLIG

Puzzle 16

```
S  T  A  S  T  U  L  S  S  U  T  A  M  U  M
V  W  G  G  D  D  S  D  L  E  K  C  Y  N  T
A  S  G  L  L  P  Y  Q  P  D  O  M  R  D  N
R  Z  Ä  Y  T  E  T  I  S  O  R  E  N  E  G
V  A  L  L  E  I  S  N  A  N  I  F  H  R  U
E  R  G  M  O  F  K  N  Z  J  R  U  E  S  P
T  E  P  Å  I  X  P  S  A  S  I  V  S  Ö  P
Y  N  P  E  M  N  K  K  Z  Y  T  N  T  K  T
A  O  J  D  O  R  U  U  A  G  G  E  Y  A  A
H  P  B  N  E  N  Ö  T  S  Ö  R  O  R  M  R
O  M  R  V  Y  T  E  F  E  E  J  A  E  R  R
G  I  T  A  M  Ö  T  E  R  R  A  A  L  A  R
N  Ä  K  A  N  D  I  D  A  T  J  C  S  V  S
N  O  F  K  G  F  K  Y  R  K  A  C  E  V  T
```

GENEROSITET	FINANSIELLA
NYCKEL	RESA
LÄGGA	RÖST
STYRELSE	KANDIDAT
NÄTVERKS	KYRKA
MINUTER	FÖRMÅGA
MÖTE	VARVET
UPPTAR	VARMA
VISAS	IMPONERA
SLUTSATS	UNDERSÖKA

Puzzle 17

```
J G X Q M I F P R O B L E M Q
O L K L C U U N L U D A F W D
R Ö A R Ö G K C R E T T A K S
D M N D V O T L R Ö T S F I G
G M S V F N D A P M A L R I Y
U A K A H K S I G A R T L F C
B I E R N M O T F I T G S Ö N
B K O N T O R M L N N D Q R T
E K V A R P Z C M Ä I U U L Y
F Ö R L O R A R G E F D X O Ä
N S H H U M T L D T N M L R R
C G N M Q U L J Y F Q T J A T
B H P P P I N B I Ö E M A D O
D D K P T F N B L L Y A S R R
```

STÖR   TRAGISK
KOMMENTAR   KVAR
FUKT   GÖRA
JORDGUBBE   KANSKE
PROBLEM   ÄRTOR
SKATTE   TILLGÄNGLIG
GLÖMMA   LAMPA
LÖFTE   KONTOR
FÖRLORAD   VAR
FÖRLORAR   DERAS

Puzzle 18

```
C M R D T R A D A G G K N S N
A J Ö T T R K P H N A V I F O
J H S N A D S Å A Ä Y L W Ö L
J M T F R M W M N O O I U R L
J O A I K V O I D P X D V D N
C V B Y S O A N E T V O C E Å
U S I B M Y X N N I S K G L G
H J I T T E A E E E Z O C A O
L I K A S Ä L R E A U R V R N
E Q B W M Z Z A K C I K S P S
H J Ä R T B E D Ö M N I N G I
Y H M G O A O Z M Q C O F P N
B J Q Y J V U S Y U Y N H H W
L G H H T K L G Y M D Q Z Q N
```

FÖRDELAR	LIKA
RÖSTA	HJÄRTBEDÖMNING
POÄNG	SKA
KROKODIL	VAN
POLIS	FARA
LÄSA	HANDEN
SKICKA	JOBB
SKRATT	DAGG
PÅMINNER	DANS
NOLL	NÅGONSIN

Puzzle 19

```
R W F T D I B W H N I F S N M
P G G W A T T Ä S O Y R A P Ä
K N S M C S G G J R J S Z K N
C I T R O N U T E R A C P V G
R N D R O K E R F F J F M Q D
Z T U N O I T A T S A G H E T
U Ä H A A T E M Y P O M H B O
P T T Y Ä L Z S K M V U S F M
P A Q B N G B J H R P B A N A
R V Ä S E N T L I G A D L H I
Ä F G E L K V Q H T C L L T N
T O R K A N G I F T A F M E M
T O Y H A J R P Å V E R K A R
A U T B R O T T R N F E P L K
```

VÄSENTLIGA	SMART
BANA	HUD
FASAN	RUSA
UTBROTT	PÅVERKAR
MÄNGD	ORKAN
CITRON	NORR
UPPRÄTTA	GIFTA
TÄTNING	REKORD
FIN	BÄTTRE
STATION	SÄTTA

Puzzle 20

```
A T S I L D R O A F G C Q A G
V V V Z Q D C A L K N E R Ö F
I N F J K J H N W L I U F E Z
O O F Ä Q L X H S A N Z K D G
L Q R M R O N E J R K P S N N
E F L D A D B Y Ä G Y S I A U
T K E J B O A O L Ö D L T L K
T Å M A R F H P V R K O A A R
P O L I S E N M A C N J T T R
Z X Z S S X U Z E M I L O T A
F Ö R S Ö K O V V O R S P U S
G L I A X Q T N I M R S F G F
N M R G T U S U D D G U M M I
Y J Z S T R O L L S L Ä N D A
```

SUDDGUMMI	ORDLISTA
UTVECKLING	SJÄLVA
FRAMÅT	MIL
FÖRENKLA	ORD
FÖRSÖK	POTATIS
KLARGÖR	UTTALANDE
OBJEKT	POLISEN
KUNG	AVFÄRDA
DYKNING	VIOLETT
TROLLSLÄNDA	ENORM

Puzzle 21

```
F  Ö  R  D  E  L  A  Y  E  D  A  K  A  K  S
B  G  T  X  O  R  Z  B  H  Y  Y  Q  C  C  I
S  I  Q  D  J  Y  W  H  E  U  L  I  A  A  T
M  X  V  A  D  Q  X  B  R  G  R  O  L  H  U
S  N  Ö  G  U  B  B  E  U  T  Ä  F  D  H  A
T  R  O  L  I  G  E  N  Z  X  F  R  N  Q  T
U  R  S  Ä  K  T  V  I  K  T  A  E  A  D  I
F  U  S  N  F  V  Q  U  P  B  R  J  H  N  O
R  B  H  E  U  A  J  P  Å  E  L  L  R  P  N
I  F  G  A  V  T  S  Q  N  W  I  Ö  Ö  R  A
G  X  Y  Ö  N  N  K  N  G  L  G  F  F  V  K
Ö  A  R  F  E  Ä  B  Y  A  V  T  Q  G  B  K
R  E  B  I  T  V  G  I  E  X  E  M  P  E  L
B  K  Y  C  K  L  I  N  G  C  H  I  P  S  Y
```

BERÖVA   BUR
FÖRHANDLA   FÖRDELA
BEGÄRAN   FRIGÖR
TRICK   SITUATION
KYCKLING   TROLIGEN
VÄNTA   ÅNGA
FÖLJER   EXEMPEL
VIKT   SNÖGUBBE
SKAKADE   URSÄKT
FARLIGT   CHIPS

Puzzle 22

```
I  S  H  T  S  L  C  U  T  Ö  J  D  A  C  T
N  T  Å  R  Ä  F  M  P  Z  I  A  F  T  X  V
T  U  L  A  A  L  L  Y  F  D  T  C  O  A  Ä
E  D  I  L  G  T  T  T  B  E  I  T  M  M  T
R  E  G  K  I  Y  W  Z  S  T  M  Q  A  A  T
N  N  H  V  L  J  U  U  E  A  I  U  S  R  B
A  T  E  Z  K  T  N  K  G  L  G  S  W  F  T
T  O  T  S  R  X  R  Z  L  J  I  W  P  Y  T
I  M  M  N  E  Q  V  N  L  V  W  I  G  R  V
O  R  G  K  V  I  L  H  R  G  E  X  J  T  L
N  Å  M  I  V  B  Q  F  E  C  B  N  F  I  Ö
E  D  Y  K  O  N  C  E  N  T  R  A  T  O  S
L  E  U  A  Ö  V  E  R  V  Ä  G  A  H  Q  S
L  Y  O  F  F  E  R  T  N  V  I  N  S  T  N
```

FYLLA	INTERNATIONELL
TÄLT	ADJÖ
STUDENTOMRÅDE	DETALJ
VINST	KONCENTRAT
VISSA	LÖS
FYRTIO	TVÄTT
KLART	TYP
VERKLIGA	ATOM
ÖVERVÄGA	HÅLIGHET
TITTAR	OFFERT

Puzzle 23

```
I  K  V  Ä  L  L  G  E  Q  E  S  K  H  B  K
J  T  A  L  Å  M  E  K  S  N  Ö  Z  A  E  O
A  Z  S  E  N  I  O  R  Z  D  H  Q  N  R  M
C  U  P  M  R  N  S  D  U  J  L  W  D  Ä  B
C  H  E  F  Ä  U  Y  Q  G  H  F  Y  L  T  I
O  D  F  N  D  A  Z  B  A  I  M  W  I  T  N
E  H  M  N  D  K  C  I  D  H  T  F  N  A  A
G  K  I  T  I  L  O  P  D  V  X  T  G  T  T
F  N  O  D  R  O  F  L  I  I  L  P  A  W  I
O  X  C  L  H  I  O  Ä  M  J  Y  U  S  F  O
V  G  O  N  L  Y  A  J  Y  M  G  A  K  D  N
Y  D  N  Q  O  O  M  H  S  K  L  I  A  S  F
R  I  P  Q  M  B  N  I  D  R  A  G  R  Y  E
V  A  N  K  A  N  D  E  O  T  D  P  P  P  G
```

ÖNSKEMÅL	CUP
FATTIGDOM	CHEF
IKVÄLL	HANDLING
BERÄTTAT	SKARP
HJÄLP	LJUD
RÄDD	VIN
EKOLLON	ANKANDE
KOMBINATION	GARDIN
FORDON	POLITIK
MIDDAG	SENIOR

Puzzle 24

```
I  Z  W  G  N  K  D  M  D  S  W  U  G  A  F
D  B  A  O  Y  E  Z  B  C  O  B  D  L  V  Ö
L  Q  L  M  D  T  X  Z  R  R  I  E  A  B  R
X  I  L  A  K  N  Ä  T  U  K  Z  G  N  R  K
I  T  F  S  N  E  D  N  A  P  Ö  L  S  O  L
W  Q  D  A  I  D  E  M  U  K  E  N  I  T  Ä
R  E  T  R  A  A  S  H  O  E  A  Q  G  T  D
T  L  B  T  T  R  A  P  A  K  S  K  R  S  E
F  J  K  D  S  E  S  Å  G  T  M  E  S  V  V
B  S  X  U  A  L  O  T  Y  X  R  H  W  F  N
H  O  V  I  K  O  N  A  I  P  P  V  Å  L  D
A  P  L  K  N  S  R  L  L  H  T  O  Q  W  F
A  T  R  L  V  I  K  A  T  T  U  N  G  E  I
K  O  N  S  T  R  U  K  T  I  O  N  C  G  T
```

VÅLD	KATTUNGE
SKAPAR	SKAKA
KONSTRUKTION	KASTA
BOLL	LÖPANDE
MEDIA	SÅG
PIANO	IBLAND
ISOLERADE	GLANSIG
ARTER	TÄNKA
AVBROTTS	SORK
FÖRKLÄDE	TRASA

Puzzle 25

```
Z O U N B Q Y P A A N D R O T
D U M K Y W V S K G Q C A I I
O U O F K C Y R T I P P B N S
A D S V W S M Ö B L E R D G D
M V A N T A R E H S S X N R A
O P Z E G R W V D N R K Ä E G
X P M F Q J H E A Ä G W V D B
B E B K I N F R X K B M N I F
T L L O R T J K F Å N G A E C
U E U E R P U T F R G I B N H
I F T S K K R Y L R E L R S I
X N V S A V Y G N I R O O V C
I M I S S T A G F I F R Q M K
F K B E V Ä N N E R E Q J N S
```

TROLL	ORDNA
ANVÄNDBAR	INTERN
FÅNGA	KÄNSLIGA
BLUS	MISSTAG
VANTAR	VÄNNER
REGN	VERKTYG
TISDAG	MÖBLER
TRYCK	SYSTEMET
INGREDIENS	CHICK
ROLIG	JURY

Puzzle 26

```
B P Y E X P O R T X L Z T R A
M Ä R K L I G R R L U W E A U
B E N S I N X V E H F J S R K
W P Å Y V G H T J Y N O I B T
Y X H D N M O T C A V Y V E O
Z J O T G M T Ä R R I D T R
G L Ö M D E H S U R M Z A E I
U L V L Q L A M E I Y L R V T
V Ä F K P K S K Q V T J G C E
Ä N S V K M P T V R R M J B T
S S B M E G Q J G Ö Ä N N N I
T G N I S T A N L F Y O B G T
R I N T E L L I G E N T A O U
A R E H A R T S I D W J P J P
```

VÄSTRA	FÖRVIRRA
ARBETE	GNISTAN
SOVRUM	EXPORT
GLÖMDE	HÅN
DISTRAHERA	SÄTT
KASTANJER	INTELLIGENTA
BENSIN	SET
GRADVIS	TRÄ
AUKTORITET	SNÄLL
MOTELL	MÄRKLIG

Puzzle 27

```
S M W M V S M J I N E B M X C
Ä E A K C O L K Å L B F A V O
K N T J N L E L V U A Ö N Ä W
E H S Y O F T L L L V R U L B
R E I U J R G K R E V Ä E J O
T T L T Ä Ö I R N J I L L P Y
I G J V M F L T Z O S D L Z R
G O B D K P K B E N A R C P C
A J J J P P I F L T R A Ä N G
T M G X L U R S I R S R S E B
P E R I O D F O R M P E E C U
H D G A W N F G Ä Z K B B T W
Q J K A H E L V J D Z L A H U
P Y W Y H H U M F W J N W J Z
```

UPPFÖR
MANUELL
COWBOY
MAJORITETS
FÖRÄLDRAR
TAGIT
ÄNG
LISTA
LEJON
BLÅKLOCKA

VÄLJ
AVVISA
KLUBB
PERIODFORM
SÄKERT
SIR
RÄV
ENHET
FJÄRIL
RIKLIGT

Puzzle 28

```
V M I D E N T I F I E R A T V
I U J D E D A K S A R R E V Ö
R L L A B R Ö D M A U H J I D
B T P U L V E R A K G J J C D
S I H H R R E J N I L T K I R
Ö P D V K U X E L F W B C Z R
T L S A D N A K A I A X N Ä A
G I T P T U C B G N K T N M O
Z K Z D O I O Y V G Q C Z U P
D A L B K R P P K A B K F G Q
J T U S I L T Q A M K R Ä V S
D I Q J J G W Y S T J Ä L A Q
G O S K R A T T R E T A N D E
L N E D A N Å M T A L A N D E
```

KRÄVS
SPORT
BLAD
GALNA
TALANDE
STJÄLA
MAGNIFIKA
BRÖD
ANDAS
SKICKLIGHET

ALL
ÖVERRASKADE
RIKTLINJER
MÅNADEN
PULVER
NÄR
IDENTIFIERA
MULTIPLIKATION
SÖT
SKRATTRETANDE

Puzzle 29

```
F P Z J Y Q I G U G G L A Y X
A S A M L A P V A Y A R E L F
M L H P E I L C F G S V Y P N
I X S M Ä L T A G I O T Z A N
L M F V A E W A I L C G J R Ä
J B R G C U L R M L K W U A R
E L R C H F A K I I E J T P M
R T W V E D N Ä R B R M M E A
T O R K A Q T S V B B D P R R
E P F Y N N A A J O G E P A P
I R R I T E R A C T I N H T E
Z D C F R S D V C G K N H L A
E D R P E B L Z L A R A V S U
M U L T I P L I C E R A T F T
```

MULTIPLICERA   ANTA
UGGLA   DENNA
TAKT   FAMILJER
SAMLA   TORKA
SMÄLTA   SÄKRA
FLAGGA   SOCKER
ELVA   IRRITERA
PARAPLY   PAPEGOJA
SVARA   BILLIG
NÄRMAR   FLERA

Puzzle 30

R	J	U	N	V	C	B	G	B	E	O	H	Y	A	U
U	S	T	A	Y	C	U	B	Å	T	W	V	N	F	P
T	I	A	T	L	E	H	D	R	K	H	N	C	Ö	P
T	L	M	U	T	K	A	F	H	S	I	B	Z	R	G
N	K	R	R	O	R	B	Y	I	F	K	H	H	U	I
A	E	O	L	V	P	C	L	P	N	S	P	G	T	F
R	S	F	I	K	R	N	P	J	E	X	U	F	O	T
E	L	B	G	D	G	U	Ä	Z	B	E	C	N	M	E
R	E	B	A	Ä	D	H	C	S	A	R	K	P	J	R
A	N	I	V	N	A	C	B	T	A	A	C	E	C	E
P	Y	Q	W	H	R	W	M	P	C	D	H	N	P	K
E	L	H	G	K	H	C	R	Y	Z	E	W	N	F	C
R	W	F	D	G	U	Y	M	P	N	L	N	A	P	Ä
H	F	G	L	Å	G	X	X	J	H	N	M	A	F	L

UPPGIFTER
LEDARE
FAKTUM
LÄCKER
FORMAT
BROR
NÄSA
KRASCH
NATURLIGA
KVOT

RUTTNA
REPARERA
BÅT
FÖRUTOM
UPPFINNA
LÅG
SILKESLEN
HELT
VÄG
PENNA

Puzzle 31

```
F  Ö  R  M  O  D  A  D  E  H  F  J  I  Y  T
Z  O  K  X  C  U  K  R  T  O  L  O  B  G  R
M  E  D  I  C  I  N  O  P  P  T  Å  R  E  A
K  S  A  M  M  Ö  T  O  J  P  I  I  N  M  D
V  U  K  Q  L  B  L  V  K  A  D  J  E  G  I
I  A  R  H  E  I  S  E  C  D  I  N  K  A  T
N  N  O  L  T  Z  T  R  V  E  G  X  Ö  R  I
N  S  T  O  Q  G  W  I  Y  A  T  I  R  D  O
L  V  O  J  W  N  X  P  T  R  K  G  R  R  N
I  A  S  X  W  Ä  N  S  Z  E  N  U  U  Ö  E
G  R  P  A  K  S  R  O  F  T  U  B  E  F  L
A  Z  R  O  V  U  R  Ä  B  N  I  V  Q  R  L
G  E  O  G  R  A  F  I  K  A  X  M  T  E  A
S  A  N  D  S  L  O  T  T  H  T  D  D  D  E
```

TRADITIONELL	ÖKEN
TORKAD	GEOGRAFI
FORM	LÅNG
TIDIGT	ANSVAR
FÖRMODADE	EVAKUERA
MEDICIN	SÄNG
SANDSLOTT	HANTERA
TÖMMAS	VINBÄR
UTFORSKA	FÖRDRAG
KVINNLIGA	HOPPADE

Puzzle 32

```
M I N O R I T E T H H E V L K
Z H N W X N W E T Y D Y V Z V
L R U B N U A U V T E Q G Y A
V E R K A R I Z B N D I N P L
K Y S S Y R D D A K I F A S I
S T E G N M L S D A V V A R F
F Ö R S I K T I G A K W R U I
L I T N D Å I M G R A K E K C
E M A T E F R N E X U V L P E
N L E N S Å N G K S Q Q U J R
P X D S Ö M N I G E H I T O A
J E R I K T N I N G T N A S N
K V Ä L L S M A T A J W R U A
E X P E D I T I O N J T G U Q
```

STEG
VIDE
MINORITET
VERKAR
GRATULERA
KURS
TEKNIK
KYSS
FAS
PLAN

KVALIFICERA
EXPEDITION
RIKTNING
KVÄLLSMAT
SÅNG
ENASTÅENDE
SANT
SÖMNIG
VUXEN
FÖRSIKTIGA

Puzzle 33

```
K L D Ä R T T A L G N M K C W
P O I L I T X N L Y Y W R Z O
D O M G O J Y W P G X P A G N
C Z T M B H O I Z P O O M P N
M A N E E D Ä L S Y O M A D W
R U A F O R T S A T A K D Z W
D Z S Y X G S H D R I V E O X
O G S E F H Ä I H J V L U K T
I G E R N P H Y E O C Y J H K
T Z R P N E A H C L T G N Å L
T C T A R B E T A R L E B X K
E D N A L E D D E M G A L Q U
R Y I M O D I F I E R A C L P
T J R C S A R I K G R I R X É
```

GLATT
SLÄDE
DRIV
ARBETAR
ÄLG
KUPÉ
TRÄD
KOMMERSIELLA
LÅNGT
INTRESSANT

HÄST
KATASTROF
MEDDELANDE
HOTELL
KRAMADE
TRETTIO
MODIFIERA
ZOO
LUKT
MUSEN

Puzzle 34

```
Z  L  N  A  K  L  A  S  S  R  U  M  M  E  T
A  A  K  C  Ä  T  S  X  G  G  W  N  I  R  U
P  M  F  V  U  Q  I  P  S  N  O  Z  S  A  P
S  M  V  K  L  R  V  H  X  I  Z  S  T  G  R
B  J  Z  X  Ä  A  E  J  T  N  R  M  A  R  O
M  R  U  G  T  M  B  A  N  A  O  P  P  O  M
A  P  V  K  T  E  V  B  E  M  K  E  P  B  E
L  G  O  H  H  I  N  U  M  T  L  J  A  D  N
L  A  F  I  T  U  H  L  I  U  L  D  R  E  A
A  R  M  O  P  L  S  L  T  F  I  W  H  M  D
F  N  M  X  V  L  H  A  R  M  V  A  D  X  X
R  J  H  X  Y  T  O  R  O  M  J  F  V  K  U
Ö  P  T  E  R  R  O  R  S  V  K  T  O  Y  M
F  Ö  R  K  O  R  T  N  I  N  G  S  S  T  L
```

KLASSRUMMET	ISTAPPAR
UTMANING	LAMM
TERROR	PRIS
MOROT	FÖRKORTNING
SJUKHUS	BEVISA
PROMENAD	MEDBORGARE
FÖRFALLA	BULLAR
SORTIMENT	TÄCKA
ARM	VILLKOR
LÄTT	MOTIVATION

Puzzle 35

```
M G V N S P W M C Z T K D N K
E Q V R I E N B A W N N E Y E
M O T S T Å N D A R E U C A P
M D I P L O M D M G D T I P Y
S T R A T E G I R Y N E M Z W
F Ö R Ä N D R I N G E L A C V
S J U N D E S B X O I U L Y C
U T F Ö R A I P L R F J E W M
Q G N N F Ö R B I A Y H Y P A
T C W Y V P B F B O N D H Ö T
M U S E U M P O T V Å D J E E
A W I I T G A S F W X L K W R
A N I Y Q N R Q J E I W Z D I
Z H M S R Ä T N E M E L E B A
```

MUSEUM	ELEMENTÄR
SJUNDE	MATERIA
HJULET	NYA
DECIMAL	PAR
KNUT	TVÅ
UTFÖRA	FÖRÄNDRING
MILJÖ	STRATEGI
DIPLOM	MOTSTÅNDARE
GRIS	FÖRBI
BLAND	FIENDEN

Puzzle 36

```
I  U  Ö  H  D  N  O  V  Q  A  O  M  E  V  S
F  F  I  M  P  E  P  Q  M  L  L  J  R  I  P
I  E  E  X  T  G  B  D  C  L  D  J  A  S  E
P  V  J  T  X  N  N  J  A  E  J  K  T  T  N
R  R  O  T  Ä  I  O  E  R  N  L  D  S  E  D
U  F  H  I  V  N  S  T  E  O  E  Y  Z  L  E
C  G  T  N  C  D  R  R  I  G  V  R  S  R
P  A  U  S  Q  I  E  U  E  T  I  I  Y  E  A
C  Y  K  V  O  T  P  G  L  A  N  A  V  R  F
T  Y  A  A  T  H  E  D  O  N  S  B  E  R  G
U  N  R  Ä  A  L  N  S  T  E  K  A  T  S  G
B  G  L  M  E  D  K  Ä  N  S  L  A  F  V  V
J  S  Z  O  S  A  N  D  Y  F  O  A  K  I  T
H  Z  Y  T  I  L  L  G  I  V  E  N  H  E  T
```

VÄXT	SNIGEL
TIDNINGEN	ÖMT
BERG	TILLGIVENHET
VANA	AVSNITT
VISTELSE	TOLERERA
SPENDERA	SAND
NATIONELLA	TREDJE
PERSON	STARE
PAUS	MEDKÄNSLA
STAKET	SLÄTTER

Puzzle 37

```
F G N Å G M A R F D E A O N J
T A P I S T O L R Z Y L I C B
U T M J B O H O K S U K O R K
S E V I P N B I G E N P H Z U
E R R V L V W E D V Y J E V T
N Ö X A I J Y L K L Z A J I V
F F J R J E D Å B R O K H R Ä
O H K E C S F H K G L T V D R
T S S R G X U F E Q G I D K D
I J N A G I L N A V A C N J E
N Q Q L D O C K A K Y C F Y R
G M H K W H W Y O M H E L G A
X S Z E U D D Y R B A R A Q B
R G U D S Z F Y X D G A E X T
```

UTVÄRDERA
FRAMGÅNG
DOCKA
VANLIGA
IGEN
FÖRETAG
KAFFE
DYRBARA
BRO
HEJ

SKRIVBORD
JAKT
KROKUS
TUSENFOTING
PISTOL
DEKLARERA
SKO
HELG
FAMILJ
BÅDE

Puzzle 38

```
D  R  C  F  W  A  A  M  E  F  A  F  Y  H  I
B  E  V  A  R  A  D  U  T  B  Y  L  M  S  X
Z  T  M  D  W  W  V  S  R  C  P  Y  H  A  I
J  E  I  F  S  V  O  I  Ä  P  F  G  G  M  K
H  M  O  D  V  O  K  K  D  S  O  P  H  L  R
U  O  Y  V  J  I  A  A  G  N  Z  L  Ä  I  Y
L  M  A  A  P  L  T  L  Å  Ä  I  A  N  N  C
W  R  N  F  F  R  G  I  R  M  H  N  G  G  K
U  E  T  W  T  I  D  S  D  C  Q  H  A  F  T
I  T  C  B  R  Q  A  K  O  X  T  E  Y  K  E
K  A  K  S  A  L  F  Ö  R  U  T  S  Ä  G  A
I  B  E  U  L  X  Z  K  X  F  S  F  E  J  T
G  Å  V  A  I  N  S  T  I  T  U  T  I  O  N
E  B  D  O  R  G  A  N  I  S  A  T  I  O  N
```

SAMLING	KANIN
SALLAD	MUSIKALISK
ORGANISATION	OCH
TRÄDGÅRD	MÄN
GÅVA	FLASKA
ADVOKAT	TID
FÖRUTSÄGA	FLYGPLAN
TERMOMETER	HÄNGA
FEM	RYCKTE
INSTITUTION	BEVARA

Puzzle 39

```
U E S N E V K E S E P A C S E
B R E V B Ä R A R E Y S C O T
G F Ö R S Ä K R A I S R J L F
N T Å G L F R E D A G E A S T
I W I A G I T X W V A D S K M
R Z T V U P R R N D D A K E O
E O V R L A C L Å Ö D R I N R
T S K U L L E F F D A G C H F
N F Ö V Y C K N E D P Q K S A
A X L G F J I K V N D Y A Y R
H G I M I T E R A L L G D U N
S P I K Q J Q Q I H Ö B E R X
M C A F A V O R I T K Y X G Y
T T E H X I L E T A S E C D E
```

IMITERA

MORFAR

FAVORIT

FÖRSÄKRA

GRADERS

SKULLE

SKÖLDPADDA

INFÖDDA

BREVBÄRARE

HANTERING

TRÅD

FREDAG

SKICKADE

GUL

LÖK

TÅG

ESCAPE-SEKVENS

SOLSKEN

TOTAL

SPIK

Puzzle 40

```
U N D V I K A W R H B C B E U
U P P T A G E N Ä M C H O R A
W Q D R F Q J X T G X O R A A
D I S K O T T H T G T K E G R
N S I D C R F I E G U L D R E
A R T I K L A R R A N A R U G
R E V I R K S E B V F D A B I
G Å T E R H Ä M T N I N G M R
N P R O G R A M Q D Q H M A R
K J R E X T R E M T H U R H O
S Y I H B K G O E H G J Y X K
E T A S D N T F F K O E H N Q
C B B A C U M T E T I L A V K
X F Z P A P T A V A A L A B L
```

OFTA	DIN
PUNKT	GAV
HAMBURGARE	ÅTERHÄMTNING
RÄTTER	ARTIKLAR
CHOKLAD	GRAND
GUMMI	UPPTAGEN
GARDEROB	SKOTT
EXTREMT	KORRIGERA
BESKRIVER	KVALITET
UNDVIKA	PROGRAM

Puzzle 41

```
A V L T K L N E D L R Ä V M E
A R J S S E R D A W E Z T K X
Z Ö T S T P Z L X Z V K C T I
B T V U N Ä V S A X Ö U Y J S
Y P N O G A D E S L E D Ö F T
B I S Q S W B H Q W D D D D E
M M A J V A J B Q G R N C S R
O K D L Å V B S T M Ä A J Q A
S G A T R E G R Ä F J H J N N
R R S H T K S R I W F I J O T
E F Ö R S T Å M I N S K A V B
T K A M E R A S K J U T A J D
F M E L L A N P P H N V Y D O
E W O J A Q H X N Q Q J Q J W
```

FÖDELSEDAG	EFTERSOM
HANDDUK	SVÅRT
MINSKA	ÖVER
MINUTEN	MAJ
FÄRGER	EXISTERA
KAMERA	VÄRLDEN
BÖJT	FÖRSTÅ
ADRESS	FJÄRDE
SNABBT	VÄN
MELLAN	SKJUTA

Puzzle 42

```
G L A S S A L K K U A F O K E
Q G U A V Ä R M E X A A R A O
U H H I T R X X U L U R G P B
S U V C S M E K L F Z B A I L
X S V G V D E Ä G P R R N T C
Q W O T N R T L H O O O I A A
U G C I A S T R A V S R S L D
P P O T E B E E P S S N E H E
B P S R Z Y L D M D A W R P B
B Ä Ö L R B E Ö M B M M A M A
M F C U E Y F S N Z I N R N T
K C I L B N O G Ö K Ö P T E T
R S T G I D N Ä V D Ö N D D Y
V V Ä G G F E N E B R A N D G
```

VÄGG	GLAS
TELEFON	MASSOR
INDEX	SVART
VÄRME	NÖDVÄNDIGT
BRAND	FARBROR
KAPITAL	ÖGONBLICK
DEBATT	ORGANISERAR
KÖPTE	SÖDER
KLASS	FÖRESTÄLLA
TOPP	MÄSTARE

Puzzle 43

```
A N T E C K N I N G G K C G Y
J L I H V Y I D S I C Q Y E T
F W D R O T T N I N G O R R T
I B S K R S C I R M M E P E R
H E T K S I T K A F T W Q D A
W S O E R A N Ä R T U J R Ä N
D L Y Q E Y L Ä I K W U L L D
U U B F P H B S I R V X N K E
S T B U P O W A B A V T A L X
C A S S A O Q R I T Z P T I V
H R L T P V W D S Ä G B U D Ä
V G F P X H N G R M X B U K D
Ö V E R S V Ä M N I N G R A E
I N S P I R E R A K U S E W R
```

DUSCH	SITTER
KLÄDER	YTTRANDE
DRAS	RIS
AVTAL	DRUVA
ÖVERSVÄMNING	INSPIRERA
PAPPERS	FAKTISKT
TRÄNARE	BESLUTAR
BÄR	UTAN
ANTECKNING	MÄTA
DROTTNING	VÄDER

Puzzle 44

```
W Q R K J Z N W H Q O B C H A
G R Ä N S R T W K Y B O T P O
A U N V M I M O G E N R U K A
A R A P S D O T S A E T N R N
L I E O N K I K T N A O G V R
G W L Ä N S J A O S R M B J P
E A V K I N K P K L L H P P W
S M E X M N N M E U L Å U G M
O S T R U M P O R T X R T O Y
K Ä N D V D J K O N G R X E F
X S I P B D H U H I B A T D N
S T Y V D X X Z N N L G M Q G
T R A S I G A P Z G I L Å D V
H U V U D B O R S T E N U P W
```

MOGEN
STOD
STYV
KÄND
GRUPP
SEGLA
BORTOM
STRUMPOR
OMVÄND
HUVUDBORSTEN

MINNS
INTE
TUNG
GRÄNS
LÅTEN
KOMPAKT
TRASIGA
DÅLIG
SPARA
ANSLUTNING

Puzzle 45

```
E F A Y S T N S E B P J A A S
X H F T M E O E W K Q Y D D D
Z A R M S H G D Y N A N Y A E
Y Q I N H R Å U H L Y X L R L
E S Ä W L E N I L K P R H B T
Y R X Y U K T Ä S P Å L B E A
G V U D V Ä K I B G A I G T G
P F O R S S J E K C Y T S S P
M U T B I L D N I N G E Y W H
E F T E R F R Å G A N N L Z Y
B O X N I N G N Å G L L I T H
M Ö J L I G H E T J L R B A T
V Ä G G M Å L N I N G N I M F
S A N N O L I K T Y M Y N T D
```

SKYNDA
ARBETS
KÄLLA
BOXNING
SANNOLIKT
MYNT
LITEN
BLÅ
SÄKERHET
MAT

TILLGÅNG
UTBILDNING
STYCKE
DELTA
NÅGON
MÖJLIGHET
VÄGGMÅLNING
LYDA
EFTERFRÅGAN
GRÄNSEN

Puzzle 46

```
M  B  I  D  X  S  S  J  L  K  Ö  K  A  R  E
D  I  S  K  U  S  S  I  O  N  C  A  C  P  E
U  R  F  S  A  G  G  A  V  T  V  I  L  A  F
M  A  S  N  E  M  E  G  Y  K  X  H  L  Z  T
F  R  Å  G  A  R  B  V  F  Å  R  J  G  B  E
P  E  Y  T  E  H  G  I  L  K  R  E  V  T  R
R  D  F  Ö  T  T  E  R  T  G  A  B  G  I  M
O  N  R  A  L  Q  D  W  X  I  J  O  E  M  I
J  E  Ö  N  E  X  N  J  M  R  O  V  L  M  D
E  T  R  C  J  E  T  G  U  P  U  N  I  A  D
K  J  H  N  M  U  T  D  K  Z  K  E  L  R  A
T  O  M  L  Y  L  O  J  K  H  J  E  A  U  G
W  T  J  L  L  W  O  D  E  R  W  M  T  R
B  J  N  A  P  V  C  J  S  K  Ä  L  L  A  K
```

TENDERAR	SKÄLLA
VERKLIGHET	BLICK
TIMMAR	LILA
VILA	KÖK
KJOL	ALLT
EFTERMIDDAG	DISKUSSION
VAGGA	GEMENSAM
AMBITION	RÖR
FÅR	FRÅGAR
PROJEKT	FÖTTER

Puzzle 47

```
R  I  R  O  T  S  S  K  U  X  O  M  Y  J  F
L  Y  Q  S  F  F  M  Y  L  O  V  A  I  W  B
A  Ö  B  U  Ö  F  Å  V  K  I  R  J  J  R  H
N  F  S  R  G  S  E  R  U  Z  L  S  B  F  A
K  D  S  A  A  T  S  N  E  G  A  D  S  R  Å
L  T  M  K  L  O  F  A  T  B  T  N  F  I  N
A  O  B  S  O  L  H  X  T  L  X  H  A  N  T
G  M  Z  I  P  T  D  E  Å  D  I  S  W  N  L
A  I  R  P  P  D  P  L  N  F  T  G  Y  E  X
R  E  S  Y  P  P  Q  P  K  V  A  B  A  B  H
F  A  R  T  Y  G  S  M  I  L  J  Ö  E  Ä  U
C  H  J  J  Y  R  B  O  V  A  D  N  L  R  Y
C  H  N  O  I  T  A  K  I  L  B  U  P  A  G
V  Ä  L  K  O  M  M  E  N  O  I  S  R  E  V
```

MAJS	PUBLIKATION
VERSION	SMÅ
STOR	LÖSA
TYPISKA	VAD
INNEBÄRA	FÖRSTA
ANKLAGAR	VÄLKOMMEN
GALOPP	VOLYM
NÅTT	ÅRSDAGEN
KOMPLEXA	OFFENTLIGA
FARTYGSMILJÖ	STOLT

Puzzle 48

```
J  X  V  S  O  L  N  E  D  G  Å  N  G  Q  W
B  Y  E  S  T  U  D  I  E  R  Y  I  U  P  Y
K  L  T  G  I  T  R  A  O  M  Z  D  A  S  L
K  O  E  W  T  A  O  O  T  V  I  I  S  N  M
C  K  N  A  L  L  Ä  S  N  E  R  E  V  Ö  V
E  E  S  Q  I  L  R  A  V  Ö  T  U  J  F  S
V  Q  K  K  R  A  Y  N  R  Z  B  V  N  E  D
K  I  A  S  B  H  U  A  A  X  V  M  F  C  A
M  X  P  K  V  Y  M  N  J  D  R  U  Z  J  J
G  S  S  T  F  A  S  A  V  A  G  N  U  J  P
S  A  M  V  G  D  R  F  Ö  L  J  A  O  C  D
B  P  A  E  U  N  A  N  N  A  G  F  I  D  E
C  S  N  E  K  I  V  S  E  B  J  R  S  N  S
F  Ö  R  S  T  Ö  R  E  L  S  E  U  P  X  E
```

SVAR	ARK
VAGN	FRU
VARS	UTÖVAR
STUDIER	ANNAN
SÄLLAN	MAGEN
VETENSKAPSMAN	HALL
ANANAS	ÖVERENS
BESVIKEN	FÖLJA
SOLNEDGÅNG	OLIKA
ARTIGT	FÖRSTÖRELSE

Puzzle 49

```
R  M  M  M  A  F  P  V  V  B  B  V  X  A  C
O  O  Z  K  E  N  M  Ä  I  P  R  S  T  P  V
Y  J  Y  Y  Ä  D  F  F  C  Å  A  U  M  E  C
D  G  M  H  A  N  L  X  K  K  L  G  Ä  R  O
A  O  M  E  Z  K  G  E  A  S  C  A  N  P  M
U  X  V  I  U  R  B  U  M  C  Y  N  S  P  F
N  Y  L  I  G  E  N  X  R  S  H  S  K  U  Ö
T  E  O  R  I  S  G  N  E  U  N  K  L  J  R
O  F  O  L  K  Ä  J  T  G  V  T  A  I  I  S
U  D  H  W  N  L  B  K  A  O  Z  H  G  S  V
M  P  A  C  X  L  A  B  L  H  H  P  A  U  A
P  A  T  I  E  N  T  E  N  P  K  A  Q  A  R
S  N  A  R  T  H  V  A  L  P  U  J  D  P  A
O  A  T  S  A  P  B  E  N  U  E  O  X  M  H
```

UPPHOV	BRA
SNART	NYLIGEN
DJUP	UPPREPA
VICKA	LAGER
VALP	PATIENTEN
TEORI	MEDLEMS
ÄMNE	KÄNGURU
LÄSER	MÄNSKLIG
SLUTA	SKÅP
GANSKA	FÖRSVARA

Puzzle 50

```
A M P F V K N E E X S N K I C
S H L I J L Z N I I P A Ö N M
Q I N Y F Ä A F E N E D R D X
F J F W T N I H N N G R S I L
F R Å N G N N F Ö E E Ä B K N
A U I M L I S W J H L V Ä E J
M O T O R N P R D Å P S R R X
E N G G E G E P M L G N Ä A Z
T M C Å V N K V Ö L N A V R D
V M U N I I T R T A S T T E Y
I T R G R L E C X Å O K A M B
P G Q Y B S R X L A D U J B I
Y K S T F P A B S B S R H N E
F Ö R F A T T A R E T F W F T
```

FRÅN   FÖRFATTARE
KLÄNNING   NÖJD
GÅNG   HALV
MOTOR   INSPEKTERA
TEMA   FRUKTANSVÄRDA
TÖMD   SPEGEL
BLÅSA   INNEHÅLL
FIX   KÖRSBÄR
TVÄR   BJUDA
INDIKERAR   RIVER

Puzzle 51

```
B T K C K N V V G E E P B A T
T E L L I K Å L Ä P P T U K E
M X O N E G I L T N Ä E U C H
C T L E O T H Ö K M Z D M I G
C E X T Y I H O T P O O L F I
K H T T J O T A N R E T X E D
F G Y A B D R A P X S E H H E
A I H V Y Q E K N U Q M C D L
J T A X U F T N H N X V B X Z
N K O G U Ä T Y T L F N O U S
O A V X U R U R L M O J S M U
U R F L N S Y B A I D Z A S U
T A E R A K O K N E T T A V T
M V E F O D O J Q L B X N C L
```

PRODUKT	LEDIGHET
RYNKA	FICKA
KILLE	HÖK
UTTER	METOD
TEXT	FÄRSK
LÄPP	ÄNTLIGEN
DRA	VATTENKOKARE
EXTERNA	VÅG
NATION	VARAKTIGHET
HOT	VATTEN

Puzzle 52

```
S  O  R  T  S  S  K  R  A  T  T  A  D  E  T
N  I  Q  I  S  T  R  A  N  D  P  P  S  S  F
N  Y  V  B  K  T  Z  S  E  R  I  E  A  P  A
Z  B  H  T  U  M  J  W  Z  E  Y  R  R  R  R
M  L  C  E  G  X  W  H  K  N  B  F  E  O  K
Q  Z  Q  M  T  I  C  S  S  K  Y  L  S  F  D
Z  B  A  S  Y  E  L  U  N  A  J  Y  I  E  Y
W  G  O  B  D  O  R  N  F  W  X  T  R  S  N
M  Å  L  N  I  N  G  E  A  N  F  A  O  S  L
I  E  Z  T  W  Y  Q  S  R  V  G  N  T  O  H
Q  W  I  K  V  Z  F  U  G  R  O  D  K  R  R
Ä  V  E  N  P  X  M  T  I  I  O  E  U  K  K
M  O  T  O  R  V  Ä  G  O  D  I  O  A  W  V
A  G  G  R  E  S  S  I  V  A  X  K  Y  N  S
```

PROFESSOR	BIT
AUKTORISERA	NYHETER
KRAFT	STRAND
FLYTANDE	GRAF
SERIE	TUSEN
VANLIGTVIS	MÅLNING
MOTORVÄG	NER
BRAST	SKRATTADE
RIDA	SORTS
ÄVEN	AGGRESSIV

Puzzle 53

```
S R T U B N T T T A S T O M W
X O X E F D U E U M E J S A E
G B K F W O T B N H C A B S L
N I X W C I T C T C A R R M L
I N L G V O D T M U A G N Å M
N S E I J A Ä R O X R U F O D
T H T E E L I B A V E M Ö T N
T K I D A G L R D K L E R Z I
A R U N D A C K S R E N L R M
K S I T A M A R D Ö R T U F P
S T A S N I T E Q M J E S U W
P D B N U U P A D D A R T I S
P G R U M L I G V I T A G E N
U U P Y H W X T K C Ä T Y A T
```

INSATS	DRAKE
ROBINS	AKTIVITET
GRUMLIG	FÖRLUST
MÖRK	DRAMATISK
LÄTTHET	MÅNGA
IDAG	MOTSATT
RUNDA	TÄCKT
NEGATIV	ARGUMENTERA
ÄTA	UPPSKATTNING
BIL	PADDA

Puzzle 54

```
F  M  W  L  Z  W  B  D  H  M  P  M  O  A  O
J  U  A  Y  J  T  X  V  S  V  M  B  B  V  C
W  V  L  L  Z  F  H  B  G  Y  E  A  R  L  E
P  N  L  I  I  A  F  F  Ä  R  T  N  I  Ä  A
O  H  E  O  P  U  Q  O  O  T  N  D  M  G  N
E  E  N  S  N  R  X  E  Ö  L  E  P  U  S  K
S  M  O  R  G  O  N  R  F  Å  G  E  L  N  Z
T  M  I  V  P  D  T  E  L  C  A  A  Y  A  A
Å  I  T  K  E  A  V  K  A  S  T  N  I  N  G
E  T  O  J  O  Z  R  F  M  A  M  M  U  R  T
N  P  M  A  F  Z  P  P  T  R  A  P  P  O  R
D  H  E  C  B  I  W  A  N  Ä  M  N  A  R  E
E  N  S  I  G  P  G  L  K  A  P  I  T  E  L
R  I  K  T  I  G  T  L  S  P  E  U  I  X  F
```

FÅGEL	LATA
TIMME	NÄMNARE
MORGON	AVLÄGSNA
TRAPPOR	TRUMMA
RIKTIGT	OCEAN
AGENT	STÅENDE
KAPITEL	PIZZA
OBEROENDE	AVKASTNING
PALL	TRÖTTA
INTRÄFFA	EMOTIONELL

Puzzle 55

```
J  G  J  W  T  D  A  L  L  Ä  T  S  N  A  F
L  Z  W  L  L  G  V  O  P  Q  N  A  U  N  R
V  P  P  W  L  G  S  T  I  S  S  B  T  Å  A
G  N  Å  G  E  T  T  Ä  R  P  C  L  S  G  M
O  A  G  O  M  U  Å  O  R  T  U  T  I  O  G
K  R  G  D  R  A  N  I  P  N  H  O  K  N  Å
S  B  H  K  O  Z  D  R  N  S  L  L  T  S  N
N  E  Q  Z  F  N  Y  E  R  A  D  I  V  T  G
G  T  H  U  I  P  F  J  F  K  Z  P  H  A  S
E  A  A  N  N  Å  A  A  N  Z  B  Q  O  N  R
R  R  G  Y  G  P  L  H  U  R  P  U  M  S  I
U  E  E  E  D  S  W  I  Y  H  E  Y  E  Q  K
Y  U  L  A  K  O  L  J  Z  Q  Y  L  M  W  E
E  R  B  J  U  D  A  V  H  F  G  Q  A  N  Q
```

FALSK	FORMELLT
HAGEL	HUR
UTSIKT	PILOT
LUNNEFÅGEL	VIDARE
ANSTÄLLA	RÄTTEGÅNG
REGNSKOG	SPRIDNING
ARBETARE	AVSTÅND
NÅGONSTANS	FRAMGÅNGSRIK
ERBJUDA	SITS
BAS	LOKAL

Puzzle 56

```
G  M  X  E  T  D  W  S  S  T  T  B  R  D  H
Ö  E  P  R  K  E  S  I  K  Q  Q  B  Ö  S  Ö
V  D  N  E  L  M  I  H  K  I  C  X  K  F  S
N  N  G  E  D  N  A  N  K  I  L  N  F  Y  T
I  A  F  Q  R  A  N  M  Ä  L  A  L  J  I  S
N  K  A  I  O  A  D  Å  L  O  N  X  N  Z  R
G  N  K  R  T  L  T  I  G  Y  T  C  G  A  G
B  Ä  S  T  A  L  A  I  Q  D  I  Z  A  L  D
E  T  I  U  D  A  R  M  O  W  N  A  S  I  B
B  F  R  V  H  O  A  O  W  N  G  I  N  T  V
N  L  F  T  G  Y  P  N  B  G  E  P  V  E  J
Y  Y  S  E  L  L  E  O  Z  L  N  R  Z  Q  K
F  X  L  T  K  I  S  K  P  Ö  R  H  T  Q  K
U  I  V  L  L  T  Q  E  M  D  Z  R  B  J  F
```

DATOR	BÄSTA
EFFEKT	LÅDA
SKILLNAD	GLÖD
ANTINGEN	FRISKA
TÄNKANDE	LITE
ÖVNING	ALLA
LÄMNAR	GENERATION
EKONOMI	RÖK
SEPARAT	LIKNANDE
HIMLEN	HÖST

Puzzle 57

```
G I L L A D E G A B Z I I W C
C D N Q N Z N E R Å V M F D O
Z N V I X I G V Ö F M A D E L
T I O O N S H U F O Z F I L L
X O X D L V L W R G X H G T E
Ä E D N A V A H Ä N S I E A G
V A H A L L O N D I L S R G E
L D E X P R E S S N H Y E A A
L R Y T A N Y Z O V Ö C F R A
I U E W A B C S U A R P F E P
T V A N K Ä R E B T Y F O A I
N O K F V E D A S S A P N A Y
Z R G X P S U B S T A N T I V
K Q J M M J Y Y H C C J O L S
```

ANPASSADE	DELTAGARE
BERÄKNA	TILLVÄXT
HALLON	HAVANDE
OFFER	VÅREN
GILLADE	PRESS
HÖR	DRUVOR
EXPRESS	YTAN
LADDNING	STAVNING
DÄRFÖR	PERSONLIG
COLLEGE	SUBSTANTIV

Puzzle 58

```
P  X  B  Q  I  L  E  P  K  K  P  N  Z  I  H
T  E  R  M  B  B  V  Y  O  B  Y  B  F  N  I
N  S  D  H  G  V  I  J  L  K  E  M  O  V  S
E  Y  U  X  X  L  Q  H  U  L  S  A  T  A  T
D  B  L  V  M  P  A  O  M  Ö  E  Q  O  D  O
I  E  N  N  A  R  G  S  N  Z  I  C  G  E  R
S  T  Q  R  T  Q  T  D  Ö  Z  I  F  R  R  I
E  Y  G  C  T  M  A  V  R  G  Y  L  A  A  A
R  D  B  G  A  G  K  R  E  F  O  D  F  Y  T
P  A  F  V  L  N  C  S  L  W  R  N  I  A  R
P  N  Z  M  P  M  O  T  E  K  S  A  B  J  O
K  D  E  Y  E  R  L  T  V  L  W  G  S  R  B
K  E  B  Z  J  P  P  K  O  B  Y  X  O  R  U
G  R  Ä  V  L  I  N  G  F  E  D  E  R  A  L
```

GRÄVLING	ELEV
PRESIDENT	INVADERA
BASKET	SÖNDAG
HISTORIA	SEX
KOLUMN	GRANNE
FEDERAL	BETYDANDE
BORTA	BYXOR
TERM	GLASÖGON
PLATTA	FOTOGRAFI
CELL	PLOCKAT

Puzzle 59

```
A  L  Ö  J  M  L  A  J  D  E  K  L  M  P  S
Q  A  M  A  N  L  V  G  R  N  Z  S  K  R  T
I  G  V  Q  H  I  F  V  Ä  L  R  D  O  I  R
S  A  X  H  S  A  A  K  V  Z  H  M  I  V  E
N  D  E  S  B  Z  L  K  C  C  J  Ä  P  A  E
K  I  T  W  E  M  L  D  O  E  L  K  R  T  T
V  E  R  A  R  E  T  E  R  K  E  S  E  K  T
I  D  Z  T  L  O  A  N  D  F  G  R  S  O  A
N  D  S  A  S  R  R  Q  M  T  O  Ö  T  N  L
N  Ä  F  P  D  U  Y  C  A  F  D  F  A  T  E
O  R  D  N  J  X  D  S  Z  G  T  O  N  O  T
R  G  U  H  K  Q  Z  N  U  R  B  N  D  Z  N
L  H  I  O  V  M  D  C  I  X  L  B  A  J  X
I  N  S  V  A  L  T  T  A  N  D  K  R  Ä  M
```

KVINNOR	VISSTE
VÄRD	PRESTANDA
STREET-TALET	AVFALL
INDUSTRIN	GRÄDDE
MJÖL	PRIVAT
SEKRETERARE	LAGA
BRUN	TANDKRÄM
KEDJA	SVALT
DYRA	KONTO
OFÖRSKÄMD	HUNDRA

Puzzle 60

```
V  L  E  T  K  Y  X  W  F  M  M  Z  J  Q  J
V  I  J  S  L  I  N  J  A  L  H  S  T  F  G
U  B  N  E  P  W  T  T  E  F  H  D  I  B  B
U  A  I  T  D  X  G  U  F  O  N  D  T  E  V
A  T  L  H  E  D  F  P  B  Q  P  F  E  B  J
L  S  G  N  I  R  E  G  E  R  G  A  L  I  F
H  N  A  P  D  M  Ö  V  H  X  D  P  C  S  R
G  I  L  N  Ä  V  N  F  S  T  R  U  M  P  A
V  A  K  T  L  A  R  E  T  R  O  P  M  I  S
L  E  K  T  I  O  N  L  U  U  V  B  C  P  I
K  A  N  A  R  I  E  F  Å  G  E  L  F  E  V
J  T  J  G  B  R  A  N  D  M  A  N  Q  D  P
Q  Å  D  Z  X  J  X  P  Q  Z  D  M  Q  R  P
B  L  Z  X  X  R  A  R  L  E  U  K  H  J  U
```

FOND	STRUMPA
UTFÖR	VAKTLAR
LINJAL	LEKTION
BRANDMAN	REGERINGS
TITEL	VÄNLIG
KANARIEFÅGEL	IMPORT
INSTABIL	UPPVISAR
LINJE	FETT
BEBIS	BUTIK
LÅTA	VINTER

Puzzle 61

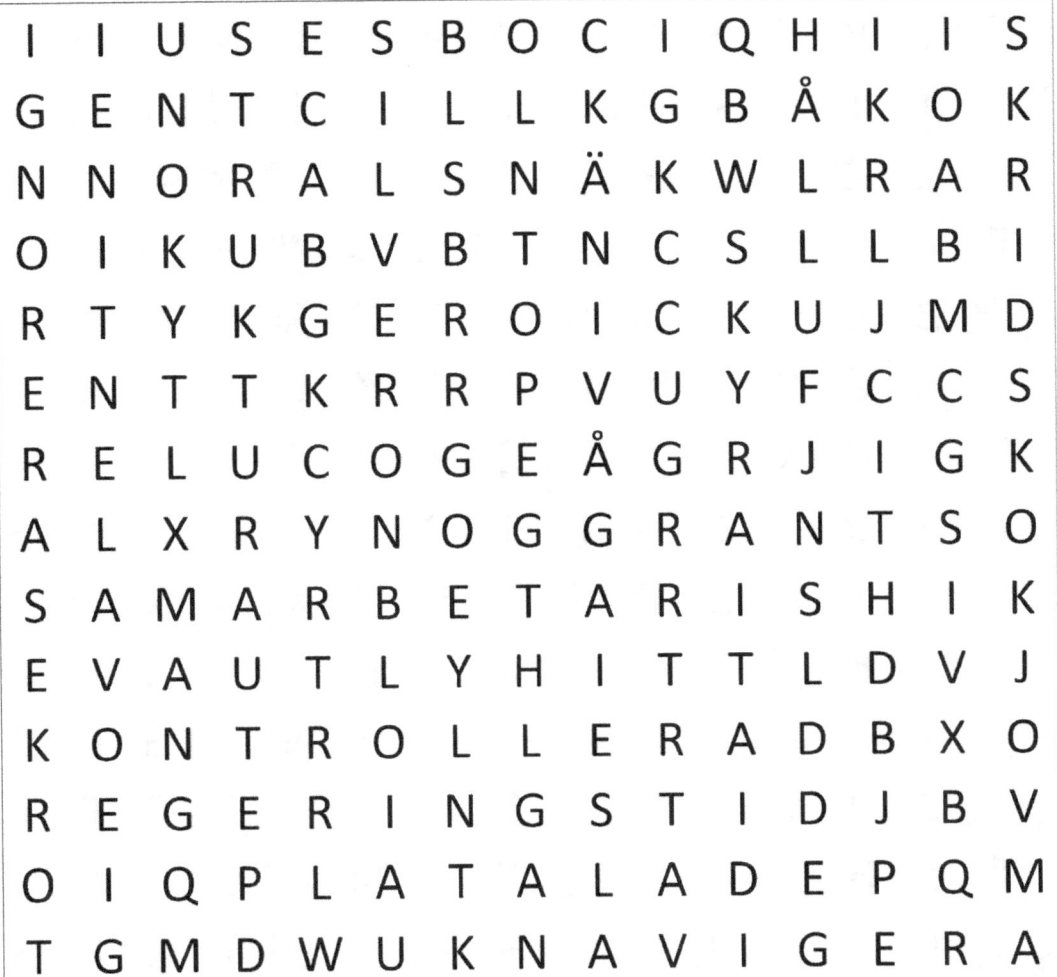

I	I	U	S	E	S	B	O	C	I	Q	H	I	I	S
G	E	N	T	C	I	L	L	K	G	B	Å	K	O	K
N	N	O	R	A	L	S	N	Ä	K	W	L	R	A	R
O	I	K	U	B	V	B	T	N	C	S	L	L	B	I
R	T	Y	K	G	E	R	O	I	C	K	U	J	M	D
E	N	T	T	K	R	R	P	V	U	Y	F	C	C	S
R	E	L	U	C	O	G	E	Å	G	R	J	I	G	K
A	L	X	R	Y	N	O	G	G	R	A	N	T	S	O
S	A	M	A	R	B	E	T	A	R	I	S	H	I	K
E	V	A	U	T	L	Y	H	I	T	T	L	D	V	J
K	O	N	T	R	O	L	L	E	R	A	D	B	X	O
R	E	G	E	R	I	N	G	S	T	I	D	J	B	V
O	I	Q	P	L	A	T	A	L	A	D	E	P	Q	M
T	G	M	D	W	U	K	N	A	V	I	G	E	R	A

SILVER	KARTA
MJUK	NOGGRANT
BLIR	HÅLL
TRYCK	SKRIDSKO
TALADE	VALENTINE
SAMARBETAR	NAVIGERA
IGNORERA	KÄNSLA
HIT	STRUKTUR
NIVÅ	REGERINGSTID
BLÄCKFISK	KONTROLLERAD

Puzzle 62

```
S  U  B  K  F  G  R  A  V  M  C  M  T  S  M
S  T  I  G  A  I  T  L  S  P  L  U  V  W  E
H  L  Z  L  Å  K  M  O  L  B  L  R  O  Q  K
E  F  R  O  G  C  Ä  V  M  O  N  E  G  Z  A
D  B  E  A  A  Ä  H  R  S  O  R  L  O  S  N
E  F  E  R  S  L  U  B  A  K  C  E  V  I  I
R  L  D  K  P  F  A  S  X  S  P  S  L  R  K
L  A  Q  G  A  A  K  I  D  B  A  K  Y  K  E
S  S  Y  E  Z  B  J  B  M  V  K  X  N  O  R
T  X  E  I  L  G  T  B  V  E  S  T  Q  Y  O
Z  A  T  S  F  E  S  T  E  R  N  E  G  N  I
D  D  U  T  C  G  S  E  G  Q  U  Q  O  R  Z
T  I  G  E  R  N  Q  N  C  M  K  C  W  C  W
X  I  I  C  N  A  Z  H  F  L  B  I  H  U  S
```

KÄRA	GAS
GENOM	SOLROS
VARG	MEKANIKER
KUNSKAP	ABSOLUT
FESTER	RUM
INGEN	SAX
VECKA	ANGE
FLÄCKIG	STIGA
KRIS	TIGER
BLOMKÅL	HEDER

Puzzle 63

```
R M C A C S T A I H C I Å K F
T A L A G Ö N J Ä R Q M T O Ö
B J D R S T S L L C V O E M R
T I D U I E S Ä J V D R R M O
R G D L A O S V H J N G A I L
A R S R V B T X B R S O N T Ä
S O E D A T T Ä R E B N V T M
S K G G N R K J J K F U Ä É P
L S Å T S R Ö F G Ö C C N U A
I Y B G S H Ö R S S Z R D Y C
G L N E Y M O G B R H V B J G
T Q G H L X T I K Ö E H A F R
M U E E V B X D Y F Y J R C N
A W R Q A T S R Ö T S M A X G
```

ÅTERANVÄNDBARA
TRASSLIGT
BIDRAR
VÄLJA
TALA
KOMMITTÉ
BOET
REGNBÅGE
FÖRSÖKER
IMORGON

STÖRSTA
SLITNA
BERÄTTADE
ÖGA
AVLYSSNA
HÄLSO
LURA
FÖROLÄMPA
FÖRSTÅS
HÖRS

Puzzle 64

```
Z  J  Q  H  A  P  E  S  N  N  U  J  Z  E  X
N  T  Ä  Z  A  R  Ö  W  K  A  T  H  U  O  K
M  I  F  R  O  M  M  O  L  B  A  M  M  U  S
C  L  K  Ä  N  I  D  A  R  B  D  N  A  L  E
H  L  L  G  N  I  N  D  N  A  L  B  O  E  N
D  R  Ä  T  I  G  S  N  C  R  O  M  P  R  S
J  Ä  T  W  H  J  E  A  O  K  S  O  F  F  A
U  C  T  S  Q  J  Y  L  B  M  H  U  F  A  M
R  K  R  S  R  P  F  B  S  K  Ö  C  C  R  L
C  L  A  M  M  O  Y  T  B  E  J  K  E  E  U
S  I  U  C  X  O  Z  K  R  S  A  R  L  N  P
J  G  D  O  M  I  N  E  R  A  N  D  E  H  Z
H  T  D  O  X  E  D  H  Z  M  L  F  W  E  B
Z  H  Y  P  Y  T  G  U  A  D  V  C  P  T  U
```

ENSAM   JÄRN
DJUR   MOR
ERFARENHET   ÖRA
KRABBA   RAD
BLANDA   SOLDAT
SUMMA   BLANDNING
KLÄTTRA   TILLRÄCKLIGT
BLOMMOR   HÖJA
DOMINERANDE   SÖMN
LAND   FÄNGELSE

Puzzle 65

```
H E M S T A D V U J K R V K I
Q R O K S I N N Ä M G Z A O Z
A X D K T Q R X N G G D A R F
M O E F E M Z W N I E Q I T O
S G L T I H P K N D D R P M D
A N Ö H X S V K X O R D E R F
R I X A B Q T I E M E G D K L
C N L M B E R A T T Ä R E B Y
D D E M T K E F R E P M G R G
Ö Å V W B E X F O K F R T U A
N N H E L I K O P T E R C N N
X E D E M O N S T R E R A T D
C B Ö V E R R A S K N I N G E
R E K O M M E N D E R A R B I
```

ÖVERRASKNING	RUNT
VÄGER	HELIKOPTER
PERFEKT	HEMSTAD
BENÅDNING	MED
KORT	STARK
ÖDLA	DEMONSTRERA
MÄNNISKOR	REKOMMENDERAR
ORDER	HÖNA
BERÄTTARE	FLYGANDE
SOFFA	MODIG

Puzzle 66

```
A K S I T K R A N S O S C S T
T T N A L P O E M Å U C B J M
E O T K Y L S K Å P G U A Ä V
L G N I R Ö F R E V Ö O P T T
E U H O T R Z O E M G M T T W
S J Å Y L Y B Z D I K N O E T
K T R R S I D G N Ä L V A N N
O S D E R A K R A T S K E S Z
P S V B C N E Ä R I O N Q T Z
O F H S U T P F A H M A C V D
P L A N E T E R F S P C R X A
L I T Q I W X X R P W K A H X
B R Ö L L O P S Ö Y F A F C L
H H B X Z C W F F W W S J N W
```

PLANETER	TJUGO
OLIK	ARKTISKA
ÖVERFÖRING	HÅRD
VANN	SJÄTTE
LÄNGD	FÄRG
ATTITYD	NÅGOT
FÖRFARANDE	STARKARE
KNACKA	TELESKOP
BRÖLLOPS	PLANT
KID	KYLSKÅP

Puzzle 67

```
O  S  G  H  F  M  F  Z  Z  D  M  S  A  C  M
M  N  U  T  S  T  Ö  R  R  E  A  E  S  F  L
R  Ö  U  G  U  C  P  T  N  R  G  N  A  V  O
Å  F  A  K  S  R  E  T  Ö  K  S  K  U  J  S
D  L  A  S  B  L  A  G  I  M  M  A  D  D  A
E  I  D  I  K  L  Ä  J  Z  U  C  S  E  E  N
V  N  O  T  E  T  S  K  Ö  X  X  R  E  C  V
W  G  L  A  V  W  A  D  A  L  G  O  E  E  Ä
F  A  P  R  O  K  O  F  Q  R  S  A  D  N  N
I  U  O  K  Q  N  O  G  F  X  E  V  W  N  D
T  K  C  O  H  C  I  G  R  E  N  E  A  I  N
B  H  J  M  O  D  K  U  J  S  Q  X  M  U  I
O  L  T  E  T  S  R  O  B  D  N  A  T  M  N
X  I  P  D  R  A  P  P  O  R  T  G  E  Y  G
```

GLADA	AVSLÖJAR
DAMMIG	LÄKARE
DECENNIUM	TANDBORSTE
DEMOKRATISK	ORSAK
OVAN	SEN
SJUKDOM	SJUKSKÖTERSKA
STÖRRE	ANVÄNDNING
KORP	ENERGICHOCK
RAPPORT	OMRÅDE
SNÖFLINGA	MENTAL

Puzzle 68

```
Z  V  D  E  K  O  N  O  M  I  S  K  R  N  Q
G  B  R  E  T  J  Ä  N  A  R  T  I  Ä  Ä  N
N  I  A  W  T  E  V  C  H  Y  P  N  N  R  M
O  T  D  F  E  V  T  Y  V  K  Y  E  T  I  G
K  J  N  O  L  V  M  X  T  A  I  S  A  N  L
L  L  A  T  L  I  Z  O  I  B  F  W  F  G  Ä
A  A  T  K  Ä  T  M  U  E  I  X  I  A  S  R
B  E  S  I  T  T  E  R  F  N  C  L  P  Ä  D
U  T  S  E  S  Y  D  F  A  T  L  T  Ö  M  E
Y  C  R  K  I  A  M  L  I  Y  A  A  K  N  Z
R  W  Y  K  W  P  A  O  H  D  T  W  C  E  T
C  S  P  I  S  E  N  K  C  P  D  R  I  N  P
X  N  K  Ö  P  A  O  R  S  E  M  K  T  K  G
X  R  Y  N  H  B  F  W  I  O  V  T  S  B  P
```

FICTION	MOT
BALKONG	KÖP
EKONOMISK	RÄNTA
LÄRDE	SPISEN
KÖPA	VIT
STANDARD	STICK
KABIN	ISTÄLLET
NÄRINGSÄMNEN	BOKHYLLA
FOT	UTSE
BESITTER	TJÄNAR

Puzzle 69

```
N O A L K Å P R O U F P W U Q
S U C T K T E X V P R L U W I
K C M Y P T R Q Q L A N H C B
N U M U R A R Y F Ö M P W O T
X V J P E A M M M T T Q B T T
A R M É N E C A A S I N E P R
J F Y F D C L R M L D B F A O
Q U Ö G O N R C M I E E K R R
W Y S N A H C I A G N S I O P
N G D T T A S F I T L L R P Q
E D X F E R A G N E P H K J X
L U D M Ö R E B G Y Q U S B K
Y I P U J S A N I F O S Z K U
K L F V W N E K R Ä M M G B G
```

ENGELSKA	HUS
BERÖMD	ROP
FYRA	SATT
MÄRKE	MAMMA
PENGAR	CHANS
ÖGON	ÅTTA
TROR	JUSTERA
ARMÉN	FRAMTIDEN
PLÖTSLIGT	SKRIK
FAR	FINA

Puzzle 70

```
P M X F B T R Ä F F A D E P S
E O S R L A S U B S T A N S P
P D A O R B K A G H F E D H Å
P E M O E X S N P Z P B L E R
A L H S I O B A I A Q E D F V
R L Ä O R K E M L N G Å S N A
L F L O E O H E S O G Z E Ä G
N X L I T N Å L O T S Q Y R N
L Ä E L S F L T E Q S O F V A
G I S U Y L L N P H I F P A A
L W O T M I A E L N G A P R B
S R F Z A K J G S M A L G A G
B D P H N T T R O D D E Z M L
A N S T R Ä N G N I N G D X X
```

STOL	KONFLIKT
MYSTERIER	GÅS
SPÅRVAGN	BEHÅLLA
GENTLEMAN	MODELL
TRODDE	NÄRVARA
PEPPAR	BAKNING
SUBSTANS	SAMHÄLLE
NÄSTA	SLIP
ROSA	SMAL
ANSTRÄNGNING	TRÄFFADE

Puzzle 71

```
F  M  V  V  U  B  H  O  A  N  T  G  T  V  T
B  C  A  X  S  P  O  J  K  E  N  Q  T  A  Y
E  T  K  R  D  A  A  I  B  I  N  C  Ä  B  L
F  X  N  N  S  B  W  P  N  J  R  Z  R  E  B
O  D  A  L  Ö  P  A  S  V  P  V  E  J  N  Y
L  F  D  Y  L  C  S  K  D  O  D  E  E  D  N
K  M  E  G  S  I  J  V  L  D  K  W  K  A  H
N  A  T  Y  G  A  D  R  Ö  L  R  E  U  P  M
I  X  E  X  N  K  D  O  T  Z  M  D  Q  P  Y
N  I  B  I  I  R  C  K  F  A  S  T  C  O  D
G  M  E  D  N  E  Å  G  E  R  Ö  F  K  H  S
S  U  U  Z  E  O  P  E  R  A  T  I  O  N  W
R  M  C  C  M  H  O  S  Ö  P  P  N  A  R  E
O  E  S  D  L  A  I  N  S  E  R  W  U  H  N
```

RÄTT	ENDA
BEFOLKNINGS	MENINGSLÖS
KORV	GISSNING
BREDD	HOPPA
POJKE	OPERATION
INSER	VAKNADE
FÖREGÅENDE	TAL
BLY	YTA
MAXIMUM	FAST
LÖRDAG	ÖPPNARE

Puzzle 72

```
I  F  Y  U  O  T  T  E  N  I  C  V  E  R  B
N  Ö  X  R  G  V  W  P  H  N  L  E  N  A  K
T  L  O  M  W  W  L  M  Z  C  A  L  Z  I  J
R  J  R  N  C  E  W  Å  F  R  R  T  T  T  O
O  E  L  L  I  V  R  L  B  B  T  Z  U  R  P
D  S  E  N  N  I  M  E  G  L  N  L  T  R  O
U  L  S  J  P  G  W  T  H  Y  E  G  I  A  S
C  A  T  T  A  S  O  B  F  G  C  J  T  T  I
E  G  L  T  C  G  T  Q  W  Ö  F  F  S  K  T
R  A  J  Z  I  K  S  D  F  R  D  P  B  E  I
A  R  D  C  I  X  F  M  H  E  Q  D  U  N  V
R  E  A  Z  G  T  W  T  A  L  B  K  S  D  Q
L  T  G  Z  X  D  R  M  T  W  Q  R  X  A  A
B  R  Y  R  F  K  O  H  T  F  Y  L  F  G  Y
```

BOSATTA
FÖDD
POSITIV
VERB
BLYG
VILLE
MINNES
BRYR
FÖLJESLAGARE
NEKTAR

DAG
KANEL
SUBSTITUT
ORO
MÅLET
HATT
NETTO
CENTRAL
NATUR
INTRODUCERAR

Puzzle 73

```
A Y W K G D A L E T S A L P K
K X B G H U R A K M J K I S O
T A W C U T E A D F D N L R M
A J F X I E G B L I U U Ö R M
K H R Z J U I C Y O P J S T U
S G Q R R M D Y Z P B S N R N
I O T Q M D E H D L I V I O I
T Y L H G K R R B X B W N P C
N E M E C L A T M A S A G S E
A R F O N G R Y N I N G E N R
G K H O M K R E T S X Å T A A
I Ä G A R E A X B S F R F R D
G S L A R V I G K Y X F Y T E
U P P R Ä T T H Å L L A S R W
```

SLARVIG
KOMMUNICERA
SYFTE
UPPRÄTTHÅLLA
REDIGERA
SJUNKA
ÄGARE
VILD
GRYNINGEN
SAMTAL

GIGANTISK
HOCKEY
FRÅGA
SOLEN
MEN
OMKRETS
LÖSNING
UPPDRAG
TRANSPORT
PLAST

Puzzle 74

```
O Z T R A R E T U K S I D K R
H Z Y W J E D W V C I N O R H
U N Q N G S A Q O O X É D I T
N B V O N U H C J L F W M T R
Y W T L M R D Q P B S J R O I
F K R E A S A L L T I D I R A
I F A M N K F R A G M E N T N
K Ö V N A F C C Q Y Y Y T M G
N R S E G S V I L P U U K Z E
A D B T E O S V L E F F A G L
D E E T R C Q T Z F W Z B E W
Y P L A W I Y X A U I V K X P
E W M V B A F E L A K T I G B
G L A D H L Z T R O Z N N M S
```

RESURS	KAN
NYFIKNA	HADE
MANAGER	BLOCK
GAFFEL	FLICKA
TRIANGEL	KRITOR
TUFFA	SOCIAL
GLAD	DISKUTERA
ALLTID	FÖRDE
FRAGMENT	FELAKTIG
IDÉ	VATTENMELON

Puzzle 75

```
A  P  P  O  H  S  Ä  R  G  Q  T  C  W  A  S
O  P  S  L  T  S  C  Ö  H  R  P  V  T  D  S
S  T  R  U  U  I  Y  F  M  E  W  T  N  L  E
U  T  J  V  G  M  A  R  D  N  A  Å  R  E  D
E  K  K  W  U  S  J  A  V  F  T  Q  Ö  E  A
S  M  A  S  K  I  N  V  N  S  B  K  H  N  N
N  P  I  T  A  T  Q  A  L  E  A  L  F  D  F
T  S  J  R  P  L  M  L  A  L  S  O  A  E  O
G  S  L  U  P  M  I  P  K  B  E  C  K  G  L
V  Z  G  Q  A  T  K  P  S  F  B  K  T  V  Q
K  X  V  S  N  Z  I  O  C  L  A  A  O  Y  B
I  I  Z  C  K  C  K  K  E  U  L  T  R  V  Q
B  J  Ö  R  N  C  G  O  U  J  L  Ö  T  Å  F
J  B  F  Ö  R  E  T  A  G  E  T  S  U  J  M
```

FÅTÖLJ	GRÄSHOPPA
SAMMANFATTA	KNAPPA
TILLSTÅNDS	KLOCKA
MISS	SKJUTS
FAKTOR	BJÖRN
FÖRETAGETS	SKAL
ANDRA	KOPPLA
LEENDE	HÖRN
BASEBALL	SEDAN
MASKIN	VARFÖR

Puzzle 76

```
L M N O I T A I R A V S Z K X
H A C P L Ö K R I T I K H H F
D E J E N R C S X Y V G T V I
Q O K K C B Ä F Ö R F A D E R
M N E T S I T C A O J Z F D O
E A S S Y Z P C M Q X A T U G
S K D N T G P O D E R X U R E
F U S T X J U L W M F N L T T
N L G L T W E Y D Y F M P A A
F A V E U H E C S I N P A J K
J R V I T M Q K R U N L N G R
F Å G L A R P L V F T G L I Y
J N O I T A T I V A R G L E E
B O K F R I D G G R E N Q A T
```

STEN
ENKELT
FRID
OLYCKLIG
FÖRFADER
BRÖT
VARIATION
REDO
KATEGORI
TULPAN

DINGLA
SLUMP
FÅGLAR
BOK
GRAVITATION
GREN
UPPTÄCKA
KUL
NÅR
KRITIK

Puzzle 77

```
K C O D E V H I P Z E H L F V
E O A G I L Y K Y B X S K T T
L H P S J G O W U A A R I Y T
R O H P K N J G C R K B G H R
O E Y P A K S Ä V N T L Å T E
T Ä R T O R E T F E S O N I S
S H A N D T A G C Q A T G L T
S I A I D M D O W C R S H L E
L Ä K E M E D E L Ä D M O D N
U Q T I C E G O M U N O F E L
X F C T Q T V S F B U D F L S
O G V S Ä N D N I N G S M A O
L P A O K C S I L O P M J M O
W N T E N N I S W D C A T M U
```

BARN
RESTEN
DOCK
VÄSKA
UNDRA
EXAKT
HANDTAG
ÄRT
EFTER
TILLDELA

DOMSTOL
SMÄRT
LÄKEMEDEL
VISHET
TENNIS
IGÅNG
STORLEK
KYLIGA
KOPPAR
SÄNDNINGS

Puzzle 78

```
O Y H D Å D D S H O W S Y G U
D H K S L L Ä H O H D C R B N
X P N F Ö R E L I G G A N D E
H A M M A R E N N I B W M H W
S K I M R O D F R N Z O H A O
P S N A Ö T N L P X A S S E D
E O K R T I A J I O T U K A D
C B L K S N V C Q M T M X F Z
I U U N R O E R R G A B I Y J
F N D A Ö M L G U V C D M C V
I D E D F V G X O B K L G F V
K E R E G V Z J T D N N Z W K
E R A N Q M P F Y P I F B F N
D A R E C I L P M O K S F L D
```

HAMMARE	BOSKAP
LEVANDE	AKUT
MILD	FÖRELIGGANDE
MARKNADEN	DESSA
FÖRSTÖRA	HÄLLS
ATTACK	ÅSNA
UNDER	INKLUDERAR
INNE	SHOW
SPECIFIK	MONITOR
GODIS	KOMPLICERAD

Puzzle 79

```
F  L  O  D  H  Ä  S  T  Ä  N  M  J  E  F  R
K  O  N  S  T  I  G  A  L  J  D  Ö  R  Ö  I
S  K  A  T  T  B  X  T  S  N  R  A  W  R  D
M  U  O  C  K  S  Å  L  K  B  L  V  E  L  D
R  Z  H  T  R  S  I  U  A  K  M  Ä  R  Ä  A
U  M  I  M  N  M  T  S  C  G  H  R  F  N  R
K  P  W  V  O  C  U  E  B  B  O  K  D  G  E
F  R  O  N  T  T  V  R  K  G  B  F  D  A  X
K  Q  I  R  E  T  U  A  T  A  R  P  I  U  G
P  L  A  F  U  A  G  I  S  T  E  P  S  B  C
S  Z  B  Q  X  M  I  P  I  S  G  G  Q  F  B
X  X  R  O  H  I  B  L  N  R  X  C  R  F  U
P  N  Z  U  D  L  W  Q  Z  Ä  B  C  A  M  N
Y  T  G  I  T  K  I  V  M  V  O  H  V  Q  D
```

KRÄVA	PRATA
RIDDARE	HOV
BIFOGA	RESULTAT
VIKTIGT	SKATT
KLIMAT	ÄLSKA
UTOMHUS	RÖD
KONSTIGA	OCKSÅ
FÖRLÄNGA	UTVECKLAR
VÄRSTA	FRONT
SPETSIGA	FLODHÄST

Puzzle 80

```
M  V  N  U  N  T  M  S  R  E  V  Ö  H  E  B
F  M  T  D  A  X  A  G  N  I  N  R  A  V  Z
J  Y  R  Y  W  B  W  N  K  I  N  S  Q  C  H
G  S  S  I  T  A  R  G  D  K  U  G  I  Y  M
X  T  U  I  F  E  Z  A  T  L  O  D  A  Z  B
Y  C  M  W  S  S  V  H  H  X  Ä  J  A  M  I
T  F  L  M  H  K  C  O  L  F  H  K  R  U  T
N  I  S  K  F  N  T  A  F  P  E  M  A  I  T
Å  V  A  R  K  E  N  G  W  B  R  S  L  R  D
L  V  E  E  T  O  Ä  E  E  F  M  M  K  E  E
U  V  S  M  Z  B  K  T  Q  O  E  A  R  T  J
G  N  A  M  E  G  A  G  N  E  L  K  Ö  S  R
O  M  R  O  F  E  R  L  A  A  I  T  F  Y  A
N  S  Z  K  E  L  R  Ä  K  G  N  L  O  M  V
```

REFORM	FÖRKLARA
KÄNT	NÅL
FLOCK	BEHÖVER
KÄRLEK	GRATIS
MYSTERIUM	RINGA
KOMMER	TANDLÄKARE
VARNING	ENGAGEMANG
HERMELIN	SMAK
GET	FYSISKT
VARJE	VARKEN

Puzzle 81

```
K  U  L  M  J  G  V  H  D  C  H  P  H  G  P
F  Ö  R  S  V  I  N  N  E  R  T  V  A  J  K
K  Z  G  X  J  P  Z  N  F  T  C  P  V  C  V
A  A  Y  Z  O  D  I  A  H  M  Å  N  D  A  G
S  R  R  U  C  F  T  M  P  E  R  J  F  R  D
N  E  I  A  L  L  A  F  N  S  R  D  R  E  I
W  V  Å  E  K  J  Z  P  S  C  S  Z  A  B  S
O  R  D  A  F  T  L  G  T  H  Q  D  M  R  O
G  E  F  L  A  F  Ä  G  A  E  I  Q  S  O  R
S  S  C  I  F  I  H  R  R  M  R  J  T  S  D
B  B  G  A  B  G  Q  R  T  A  C  Z  E  B  E
T  O  R  E  S  U  L  T  A  T  E  T  G  A  R
O  R  E  G  E  L  B  U  N  D  E  N  M  D  G
M  O  R  M  O  R  F  Z  K  O  M  F  O  R  T
```

MÅNDAG	GRÅ
FALLA	RESULTATET
MORMOR	MAN
ABSORBERA	DISORDER
DELFIN	SAK
KARAKTÄR	START
TV-	FÖRSVINNER
KOMFORT	OREGELBUNDEN
GIFT	SCHEMA
OBSERVERA	FRAMSTEG

Puzzle 82

```
G  R  A  S  A  N  D  E  S  L  F  R  M  G  O
E  P  N  K  O  L  T  R  K  Y  L  E  I  L  T
P  A  Å  K  W  T  X  H  Å  S  A  G  S  I  U
F  L  L  E  Ö  T  F  B  D  A  S  L  S  D  C
R  L  A  K  O  L  A  J  E  N  K  E  L  H  S
T  E  F  K  R  R  W  L  S  D  O  R  Y  A  K
P  R  S  V  E  S  I  N  P  E  R  I  C  V  O
H  U  B  B  N  H  I  I  E  B  Z  N  K  S  S
M  T  C  V  U  C  K  X  L  B  D  G  A  U  T
X  L  P  V  A  X  H  Q  A  T  S  I  S  U  N
T  U  M  X  V  K  K  A  R  T  W  D  V  B  A
Q  K  G  S  X  W  E  C  E  Z  V  G  I  Q  D
I  P  Z  D  E  S  S  G  N  I  N  E  M  I  E
S  K  R  I  D  S  K  O  Å  K  N  I  N  G  N
```

GLIDHAVS

REGLERING

SISTA

FLASKOR

MUSKOT

TAXI

KÖTT

SKRIDSKOÅKNING

LÅNA

LYSANDE

MISSLYCKAS

KOL

MENING

KULTURELLA

REN

SIN

KOSTNADEN

SKÅDESPELAREN

RASANDE

DESS

Puzzle 83

```
L H G O G R Ö N D N Z S R K T
D X K U É L Z L W U I R R S E
T X J R O C E E W J F R G I S
S I T P R A K T I S K V Å T T
L N O Z N J R P G B J S C P I
E S Q N Y X A K R U G K E I N
H X N Z D K M C G F U E L L G
K N I V O E D I H T T L L L Å
D O X I R M L R Y I C E E E N
J L D L R L I K H C J T R E G
V A V Ä R T V E L F Y T A Y L
R Q E D N A L L Ä T S K R E V
O F S E R I Ö S M O N S T E R
U Q D L K M A T E R I A L M F
```

ELLER
VÄRT
ENTRÉ
MONSTER
RADIO
HELST
TIONDE
KNIV
GURKA
SKELETT

ELLIPTISK
CIRKEL
MATERIAL
PRAKTISK
GRÖN
TESTINGÅNG
VILDMARK
VERKSTÄLLANDE
VÅT
SERIÖS

Puzzle 84

```
L T G R R X L K L O K T A G Q
Q M X A P C I E K O F K N A N
Z A M J S Q E R T J H N S R Q
B V D W C D Q Q K R I Z I D L
A F Z H D E G F C S R A K I Ä
N R Z M T O Z J O A H P T N R
A D A S I V E B Q U D P E E E
N N N U L Z N U E N B L N R N
U I A K E Ä R E G Ä S O F O O
M K E O F U P A G Z V C T L J
M X Q F P R L G Y V R K J S L
A B K B Z R J A B S G A O V I
D O X M M Q L S N U D Z C A M
U P P D A T E R I N G S K G P
```

SVAG

MILJONER

GARDINER

PÄLS

PLOCKA

MINST

FOKUS

TJOCK

BYGG-

KLOKT

LAG

LIE

LÄR

UPPDATERINGS

BEVIS

ANSIKTE

TRE

SÄGER

BANAN

DAMM

Puzzle 85

```
E  K  V  L  B  H  D  U  C  P  P  W  M  A  O
C  B  L  A  Y  T  Ö  N  B  T  T  Å  M  D  T
D  A  G  V  X  S  Q  G  U  S  L  Q  Y  M  I
K  A  W  L  D  N  Ä  P  S  I  H  F  L  I  L
W  I  J  Ä  R  O  M  K  Z  T  Y  U  Q  N  L
M  H  V  G  A  K  L  Z  J  R  A  Y  A  I  V
B  W  W  S  P  R  Å  J  T  A  W  X  B  S  E
Z  K  Z  E  O  F  V  D  E  G  N  Ä  H  T  R
C  X  V  N  E  T  T  O  B  N  J  D  Z  R  K
O  S  T  E  L  F  P  R  Z  U  P  H  M  A  N
B  A  L  L  O  N  G  E  R  U  Q  V  V  T  I
I  N  K  L  U  S  I  V  E  C  R  Y  Z  I  N
U  P  P  E  N  B  A  R  T  Z  L  O  S  O  G
B  U  L  L  E  R  Z  L  H  N  A  A  S  N  R
```

LEOPARD	AVLÄGSEN
TILLVERKNING	UNG
OLJE	BULLER
KALL	ADMINISTRATION
BOTTEN	SPÄND
ARTIST	HÄNGE
BALLONGER	INKLUSIVE
TVÅL	UPPENBART
HÖGSTA	KONST
OST	MÅTT

Puzzle 86

```
O  I  X  F  O  Ä  R  S  P  A  L  L  O  K  P
D  B  V  G  N  K  Å  O  H  U  V  U  D  Ö  R
Z  V  L  L  D  T  G  M  C  F  P  J  P  S  O
S  Z  G  Y  R  E  T  S  A  K  I  R  I  E  D
L  D  G  A  Ö  N  S  I  E  J  C  M  L  B  U
F  F  R  I  M  S  X  C  O  N  M  V  F  P  C
Ö  J  A  L  R  K  Y  I  K  A  L  L  A  S  E
R  E  X  W  W  A  Q  T  E  L  A  T  N  A  R
E  G  A  R  U  P  V  R  E  D  N  Ä  L  N  A
D  X  V  H  J  M  C  S  N  Ä  L  T  Q  X  K
R  N  P  N  G  R  Ä  T  N  I  Y  S  U  E  Z
A  R  O  T  A  L  Y  K  L  A  K  I  N  I  Q
F  Ö  R  D  R  Ö  J  N  I  N  G  S  G  G  E
W  R  Y  I  L  R  I  B  U  E  A  T  R  E  Q
```

FÖREDRA	KALLAS
ANTALET	ANLÄNDER
ÄDLA	GRÄT
FÖRDRÖJNINGS	GÅR
KALKYLATOR	RIKASTE
DRÖM	BESÖK
ARG	ÄKTENSKAP
ROCK	PRODUCERA
HUVUD	KOLLAPS
ANSVARIG	SIMMA

Puzzle 87

```
A L O K S H L K G D M I S U T
A E N N I S N G Q M N Z X Z V
T R B H V T L H Ä L L A M V D
N I B L I D M N E R A J L Ä S
E G R A K E T T O R R R P L B
R Z H O M I X A K S G N P S A
A F P Q A Ä S H B E H F L H L
P T M S V Z K T H I P E G F L
S B W P B A Ä O S J N S M I O
N Y S A H D M S H F N D E K N
A H R Ö M S T M G K V Z G R G
R Å Ä H V B E D R I F T E A N
T A D L I M I O W Q O P M J Y
R D E F I N I E R A R Y Y T E
```

RAKET
DEFINIERAR
VÄXTE
BEDRIFT
SÄLJAREN
BLI
LERIG
HAT
DÄR
RESPEKT

SKÄMT
BALLONG
LIM
SYN
TRANSPARENTA
TÅR
HÄLLA
SKOL
SINNE
SMÖR

Puzzle 88

```
G  G  H  T  R  C  W  P  I  B  X  A  U  S  H
E  R  G  R  E  T  S  N  Ö  M  Q  C  Y  O  V
N  O  V  O  F  M  O  K  D  K  A  D  Z  Y  J
O  T  W  J  L  H  P  N  C  A  A  P  O  S  T
M  T  Z  G  V  N  A  E  D  B  Q  M  L  S  V
S  A  E  D  K  B  U  J  R  Y  X  Z  E  Y  Q
N  A  D  E  R  N  E  M  J  A  M  B  X  L  Y
I  L  O  C  C  O  R  B  P  E  T  R  D  A  N
T  L  T  W  U  I  S  P  I  S  V  U  A  N  V
T  A  S  W  T  T  C  P  M  M  T  Q  R  A  S
L  F  L  U  N  A  D  U  J  B  N  I  F  T  B
I  B  L  J  F  L  K  R  U  S  B  Ä  R  H  U
G  N  I  N  D  E  L  N  A  Ä  G  N  A  T  N
A  X  T  Y  P  R  N  X  Y  I  I  K  G  P  Z
```

TILLS	GROTTA
BAND	KAMEL
RELATION	POST
KRUSBÄR	KOM
ÄGNA	TEMPERATUR
INBJUDAN	MÖNSTER
ANALYS	GENOMSNITTLIGA
ANLEDNING	FALL
BROCCOLI	REDAN
GJORT	SPIS

Puzzle 89

```
J  S  F  P  A  K  I  D  U  P  F  S  C  I  F
N  J  T  N  A  K  E  B  P  O  U  Ä  B  A  S
D  L  L  Ä  T  S  N  A  P  L  L  S  K  O  L
S  Q  I  I  M  V  W  S  M  I  L  O  O  J  X
A  B  K  V  K  P  J  A  Ä  T  S  N  N  P  B
Y  W  S  Ö  W  U  E  P  R  I  T  G  S  B  C
M  T  R  O  K  S  R  L  K  S  Ä  E  T  A  G
T  T  Ä  M  A  J  A  Ä  S  K  N  N  A  J  Q
L  E  S  I  C  U  H  J  A  E  D  Ä  N  T  K
O  S  C     L  Å  G  H  M  T  I  T  T  B  Z
V  V  Y  K  N  M  G  D  H  K  G  N  H  H  S
S  A  E  P  E  N  E  F  E  P  P  O  H  R  M
Y  O  R  J  W  N  U  M  T  J  S  F  P  X  H
U  T  S  E  E  N  D  E  Q  Q  F  H  X  W  X
```

FULLSTÄNDIG	HJÄLPA
UPPMÄRKSAMHET	SÄRSKILT
ANSTÄLLD	UTSEENDE
VOLT	HARE
KONSTANT	TECKEN
STÄMPEL	FONTÄN
SÄSONGEN	SKOR
POLITISK	HOPP
LÅG	OAVSETT
KÖR	BEKANT

Puzzle 90

```
A G I F F U L F R A T C U F M
S P I N D E L C D V I I K E I
I W O V N D U J S E K O K A T
D Z A N V R X W F G I B I G T
Ä U D I T Ä S I B Y T B P I E
R T H U X V K Z U F N M V L E
B R W I F X K Q Q S A N Z D V
V Y N B M E C T L M G K J Y O
R M N S G I L L I V I R F T H
O M A B M N Y C K E L P I G A
R E J O K B Z L V K H K R L D
F N N Q J M H W Y X A R U A N
O O U S I Q J S I N N A N J Ä
H R Y G G B S M H M K M L B H
```

SPINDEL   RYGG
MARK   HONOM
NYCKELPIGA   ANTIK
MITT   ONT
VÄRDE   FLUFFIGA
INNAN   RÄDISA
KOKA   SJU
FRIVILLIG   ULL
FEL   TYDLIGA
UTRYMME   HÄNDA

Puzzle 91

```
F  T  K  A  S  Ö  D  R  A  K  C  Ä  L  B  W
D  N  Ö  L  D  E  X  D  H  G  W  Q  F  E  T
A  E  G  N  I  N  L  E  D  P  P  U  D  K  R
B  D  L  G  D  L  X  C  N  P  P  Z  I  V  Y
N  I  J  A  S  Å  L  T  Z  M  R  B  S  Ä  E
G  C  N  T  N  T  Q  E  A  U  Q  I  P  M  Q
W  N  P  Y  N  O  A  G  R  S  F  H  O  A  Z
G  I  W  R  G  I  S  T  U  M  S  D  N  D  E
Q  L  C  B  F  Ö  R  B  J  U  D  A  I  J  T
U  N  D  E  R  H  Å  L  L  A  K  Y  B  Q  P
H  A  M  S  T  E  R  E  N  O  I  G  E  R  R
K  S  G  B  F  S  K  E  D  J  G  T  L  X  S
Z  F  I  N  G  E  R  M  K  H  R  N  R  M  L
F  B  D  I  W  F  Y  K  W  X  S  F  Z  I  W
```

HAMSTER	SMUTSIG
STAT	UNDERHÅLLA
LÄCKA	BRYTA
FINGER	LÅS
FÖRBJUDA	LÖN
INCIDENT	DISPONIBEL
UPPDELNING	SÖDRA
ILLER	SKED
DELA	REGION
BAD	BEKVÄMA

Puzzle 92

```
R R H O G B U B B G R Y L J J
W M Ä D Q R T A E A A Q O S J
Z U N A I E A R S L P S S F U
Z T V Z L D N A T E E Y Y Ö C
Z T I A E L F V Ä N R F N R L
A E S C K Q Ö P M V S Ö L A F
D R A S Y Q R F M Y O R I R F
F X R A C R O Q A A N B G E M
S N Ö D R O P P A R A Ä B N Å
L F T W O Q W A L Y L T L P N
A X M S T O P F S W M T O K E
G U T H O H M X S C K R M T N
D V L U M H L I Y B N A M V C
K V Ä L L O J F S Q Q G A C V
```

FRYSA

OSYNLIG

BARA

FÖLL

GALEN

UTANFÖR

PERSONAL

FÖRBÄTTRA

BRED

BLOMMA

MOTORCYKEL

HÄNVISAR

DUM

BESTÄMMA

SYSSLA

FÖRAREN

MUTTER

SNÖDROPPAR

MÅNEN

KVÄLL

Puzzle 93

```
S A K N A R O E R F F O O W T
H I T T C Å D Q D N K Z I D A
I S S I X N G R Ä S M A T T A
Z P I O E P K I N S I U T V N
P G A E L P S B A N K U Å S R
R D T R S U I Y J I A I P I Ä
P E R S T V R Y D R Z Z J G J
B S P E L I T W Ö P B B V N T
L A G E T P K Q T W I L H A S
G F I K U I E E S Z Ä Z X L N
J S T T V L L K L J C I K C T
G H N Q I L E O S E N O R M A
L U G N Z E F Ö R L Å T A Y T
N E D N A R A V U N P O L J X
```

FÖRLÅTA	ÅTTIO
BANK	LAGET
ENORMA	SIGNAL
SJÄLV	PRINS
GRÄSMATTA	PARTIKEL
SAKNAR	LUGN
STJÄRNA	BETEENDE
ELEKTRISK	PILLER
UPPNÅ	NUVARANDE
STÖDJA	SPEL

Puzzle 94

```
N E M A X E O O T T A K X C F
H O E S Q L Z R I H K T A O O
S R G P Z C C A D Z N S K C R
V H J G B B A N I X A B L K T
Z B F C R E D G G X S V S T F
H W O S Q A N E A K Z T A A A
J K N A K S N Ö R I J M K I R
Ä L N P E C W N E X E I E L A
L Y R H N G E U P D A R R T N
P A G N Y T O L V P T W E U D
S N O I T A M R O F N I G P E
A N G C Z W O R E N T R A P Z
M S R M U G G L N V H O B B Y
T U Y J E F F L H P K X A K Y
```

INFORMATIONS
PARTNER
COCKTAIL
KATT
SAKER
TIDIGARE
MUGG
TOLV
BEN
TUPP

HOBBY
DEM
EXAMEN
ÖNSKAN
NOGGRANN
RIM
ANKA
HJÄLPSAMT
ORANGE
FORTFARANDE

Puzzle 95

```
D O Q M Y B S K F T A K A A D
R Z C P R R T N R K B Q A X Q
X K N M Q I F B I T U L S E B
L S A P A N D U H R E B E F D
H N D K L G S N E R E F N O K
J E E A M A X O T E X V F T T
I V N E A D H S V N X A A O H
T S Y N G E I R Q A I R S P O
B Y S L E S G N Ä T S I T P S
W B R F X S D V J T P A E M A
Ä T E R N N E Y L E I B R Ö S
Q F V E L Ä N D E N E E W T O
L Q Ö B I O L O G I R L P E I
X J V R B C V K H I V Z B C K
```

ÖVERSYN
ELÄNDE
KONFERENS
GAMLA
HENNES
VARIABEL
ÄTER
SVENSK
BIOLOGI
ALERT

FASTER
TOPPMÖTE
FRIHET
BESLUT
NATTEN
STÄNGSEL
SON
BRINGADE
FEBER
TVEKA

Puzzle 96

```
T  P  T  R  A  B  L  E  D  E  M  O  K  A  U
E  W  J  G  H  F  T  A  R  E  P  S  E  D  T
I  Y  H  I  Å  R  Ä  L  U  K  R  I  C  B  L
M  L  I  F  L  O  C  T  Y  S  Ä  O  R  I  Ä
O  S  P  E  L  A  R  E  D  A  O  N  X  G  N
R  V  G  Y  N  N  S  A  M  M  R  F  N  O  D
A  R  Ä  M  I  R  P  C  D  L  D  U  U  A  S
L  B  M  H  B  X  Z  T  D  G  E  I  P  E  K
I  E  X  P  A  N  D  E  R  A  N  I  Q  N  A
S  O  N  A  F  I  K  Z  Ä  A  T  R  Q  R  E
K  F  O  R  O  L  I  G  G  Y  L  A  H  H  C
B  E  H  A  N  D  L  A  T  T  I  O  N  E  F
V  T  M  E  T  S  O  M  Å  F  G  I  J  N  S
F  Ö  R  Ä  L  D  R  A  Z  P  T  Q  H  R  A
```

MASK	BEHANDLA
GYNNSAM	SPELARE
PRIMÄRA	SOM
DESPERAT	OROLIG
MORALISK	FÖRÄLDRA
ÅTGÄRD	ORDENTLIGT
ERKÄNNA	EXPANDERA
CIRKULÄR	OMEDELBART
ANNAT	FILM
HÅL	UTLÄNDSKA

Puzzle 97

```
L D L L U M B E U F Z N F I Z
Z F I G Z O L L E O S Ä E N O
R V Y K A N Y A X R P R F Ä Y
Q W M Z E T G G P M R A G T L
S E R A N E S L E E W G F U D
W Q A W T R A I R L Z I O E S
B E D R A I M G T W W L T F S
X S H J C N S T A L P T B A B
R O C J G G N D I I Z U O N N
B E R Ä T T I G A D E L L N P
R E A K T I O N O G J S L M W
V O N I N G E F Ä R A R Y Y W
G R U N D L Ä G G A N D E W I
B Y Z U S I S K Å L E N R K A
```

INGEFÄRA	BEDRA
GRUNDLÄGGANDE	LIV
DIKE	MONTERING
SKÅLEN	SLUTLIGA
BLYGSAM	FOTBOLL
FORMEL	LAGLIGT
REAKTION	BERÄTTIGADE
EXPERT	FANN
ÄGG	SENARE
NÄRA	PLATS

Puzzle 98

```
L Y C K L I G A S T E Y K R W
M E D I C I N S K N J U T A F
F R E K V E N T K U C J F F M
Q C V L Y P J X C M D N U V V
X U R E S L E R Ö R N N L U A
W L F D R O J G N L K M X S K
H E M N J S B J V T I A V X A
A L T E R N A T I V S N Y N F
V E G O D Z M O K A B J N P R
Ä A I R C N N N X F R I P C U
S N L T A S A T N Ä V R Ö F K
T K J R V H Z G I V R I G B T
E X Ö Ö Y P Y R A E D U N Y A
R J M F S X I Y H T G X X K U
```

IVRIG
NJUTA
MEDICINSK
FÖRVÄNTAS
VÄSTER
ALTERNATIV
FREKVENT
FÖRTROENDE
FRUKTA
VINNA

NAMN
FUNKTION
TAGANDE
LYCKLIGASTE
MUN
RÖRELSE
BAKOM
LUFT
JORD
MÖJLIGT

Puzzle 99

```
J  E  D  D  X  A  Q  N  H  N  F  Q  F  G  H
M  Å  L  T  I  D  A  L  I  D  E  R  Ö  L  A
B  E  A  B  M  D  A  E  O  R  K  U  R  C  S
Q  A  H  B  Å  Å  J  D  R  Ä  S  J  G  N  T
Y  V  R  S  T  L  S  R  F  V  I  D  Å  O  I
K  E  H  I  E  S  G  T  F  S  F  S  S  G  G
X  L  N  L  L  E  I  C  E  P  S  U  P  G  H
G  N  I  R  I  M  C  J  K  T  H  H  Q  R  E
I  I  N  T  E  R  V  A  L  L  F  W  K  A  T
R  E  P  R  E  S  E  N  T  E  R  A  R  N  J
G  Q  A  T  I  V  M  E  C  G  Z  B  D  N  A
N  T  I  L  L  S  A  M  M  A  N  S  J  H  Y
U  H  Y  U  E  P  B  M  I  U  Z  Z  G  E  F
H  N  C  L  J  Z  G  U  L  D  V  Q  H  T  K
```

NOGGRANNHET   REPRESENTERAR
SÅDAN   INTERVALL
LIDER   SLÅ
SPECIELL   HASTIGHET
RING   FISKE
BAR   MÅLTID
DEL   MÅSTE
GULD   FÖRGÅS
TILLSAMMANS   HUSDJUR
SVÄRD   HUNGRIG

Puzzle 100

```
V  I  U  V  Z  S  G  N  I  N  K  S  R  O  F
I  K  D  S  G  K  U  J  M  D  Ö  V  J  A  P
N  T  S  T  X  Å  V  D  R  D  W  O  O  I  A
D  F  M  T  A  L  Y  G  V  Q  J  J  I  V  U
F  Ö  R  S  K  J  U  T  N  I  N  G  R  E  L
A  N  O  R  K  K  V  B  V  Z  T  Ä  G  L  D
P  B  T  E  Z  A  P  I  F  T  J  U  U  T  U
E  U  S  P  G  R  E  G  S  D  K  M  L  R  N
N  N  K  A  A  R  Y  H  I  A  O  T  S  O  S
S  D  Z  U  D  I  F  N  U  B  D  Q  C  T  T
E  E  A  Z  O  Ä  T  Q  G  L  Y  E  O  S  V
L  N  A  E  R  R  A  L  E  P  S  X  X  X  Y
J  O  K  M  G  Q  N  V  V  H  Q  Q  I  A  Z
N  B  I  R  M  Y  P  L  D  O  V  M  W  O  Z
```

KARRIÄR	BUNDEN
DJÄRVA	GER
PENSEL	PER
HYRA	FORSKNINGS
TROTS	BOMULL
ÖDMJUK	SPELAR
DUNS	GRODA
VIND	VISADE
KRONA	SKÅL
FÖRSKJUTNING	STORM

Puzzle 1

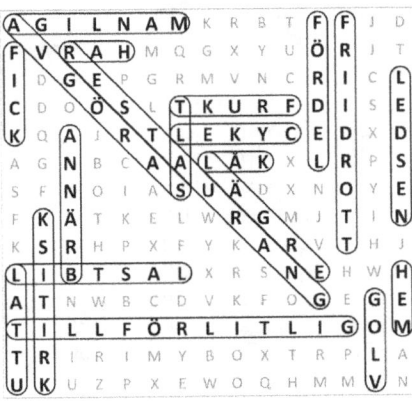

Puzzle 2

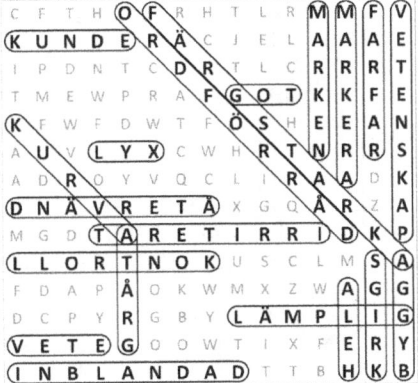

Puzzle 3

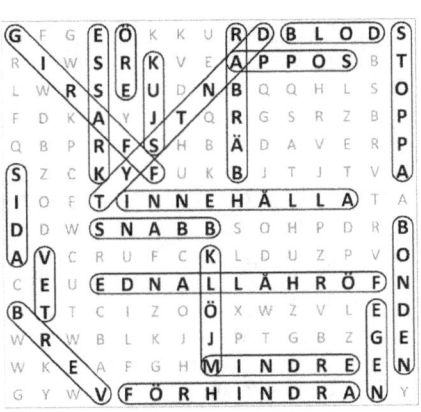

Puzzle 4

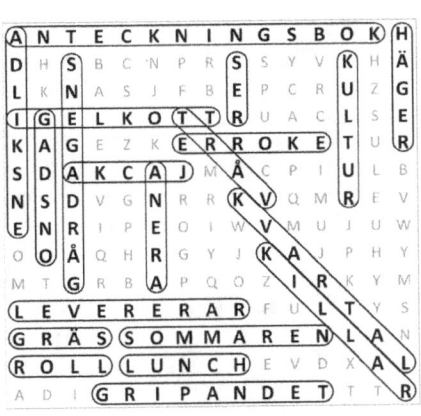

Puzzle 5

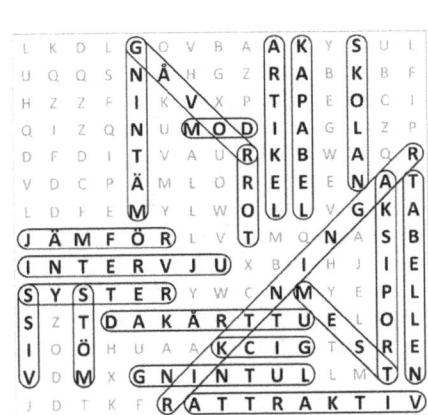

Puzzle 6

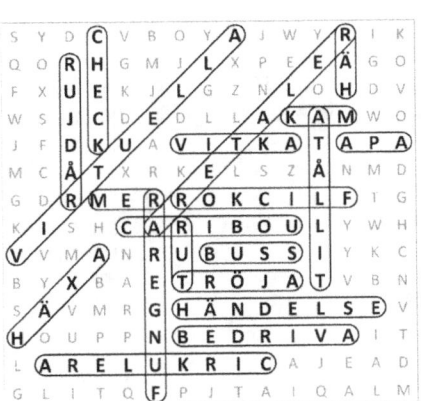

Puzzle 7

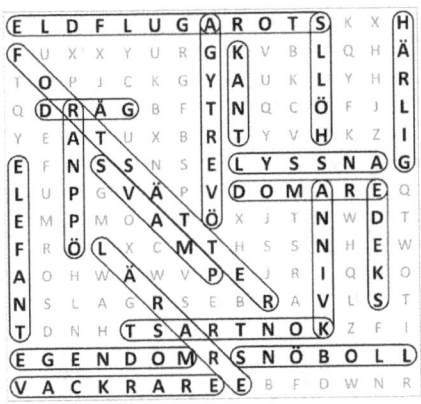

Puzzle 8

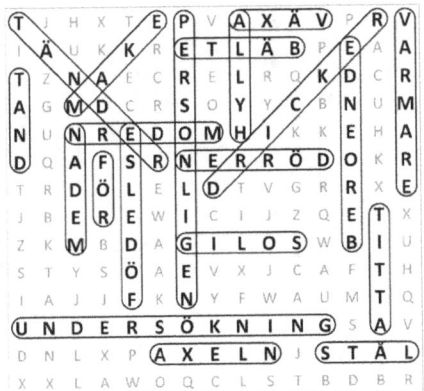

Puzzle 9

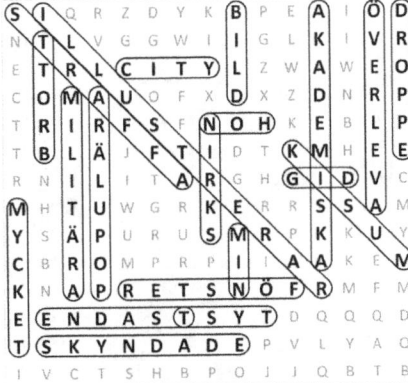

Puzzle 10

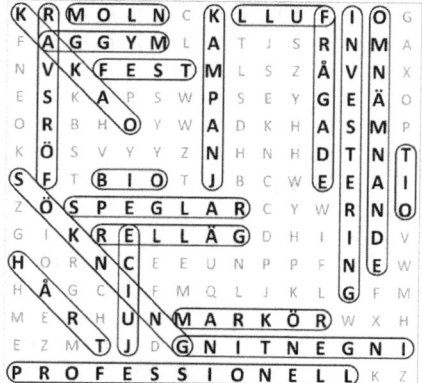

Puzzle 11

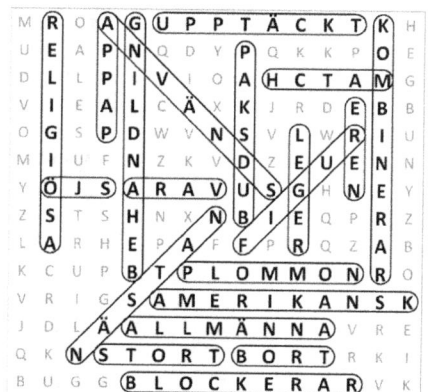

Puzzle 12

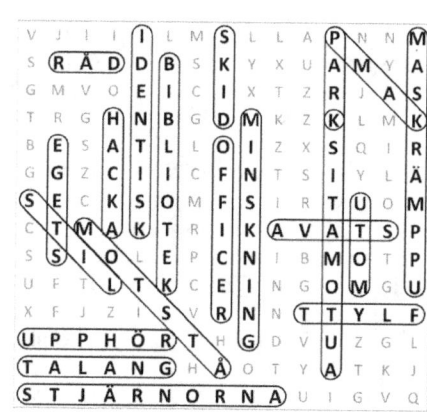

Puzzle 13

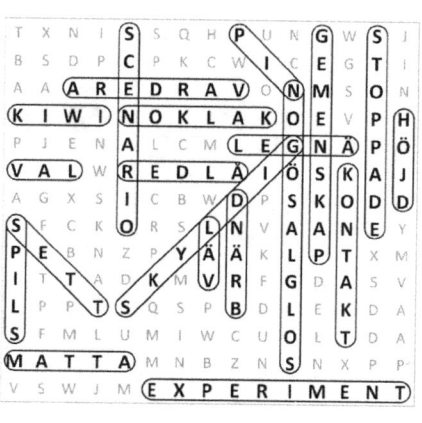

Puzzle 14

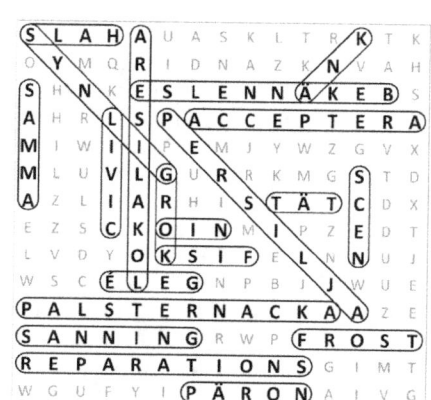

Puzzle 15

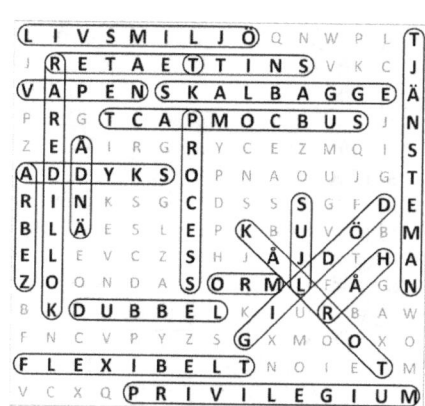

Puzzle 16

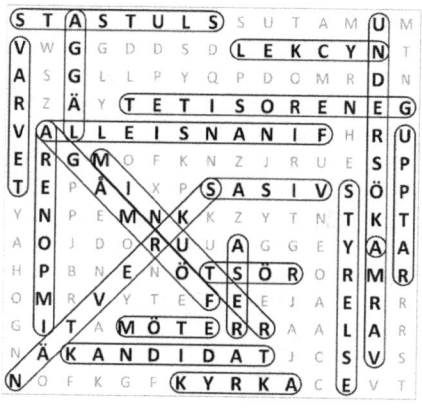

Puzzle 17

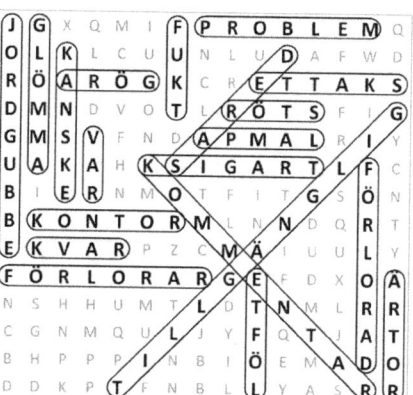

Puzzle 18

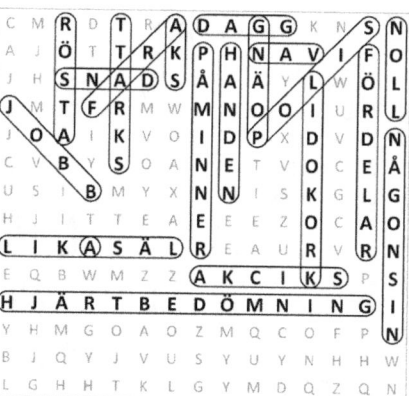

Puzzle 19

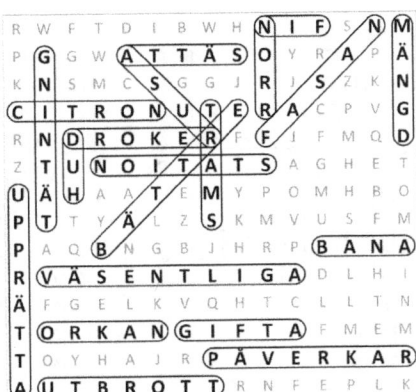

Puzzle 20

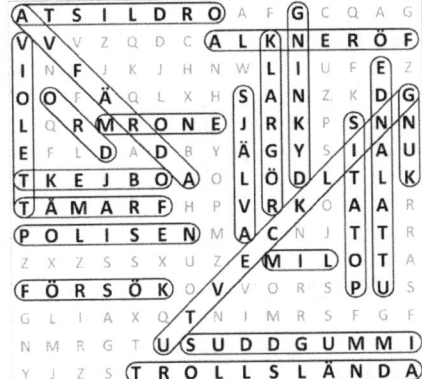

Puzzle 21

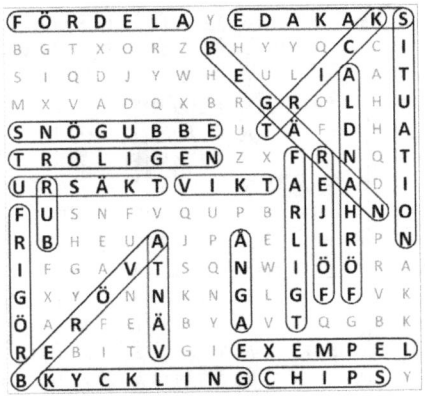

Puzzle 22

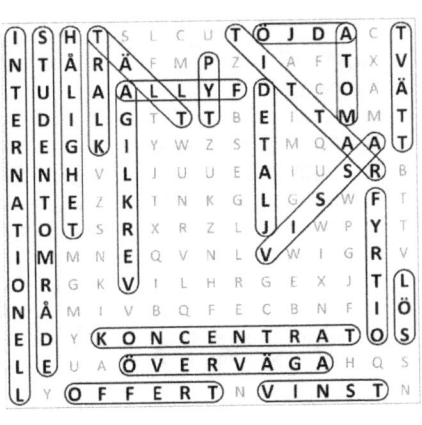

Puzzle 23

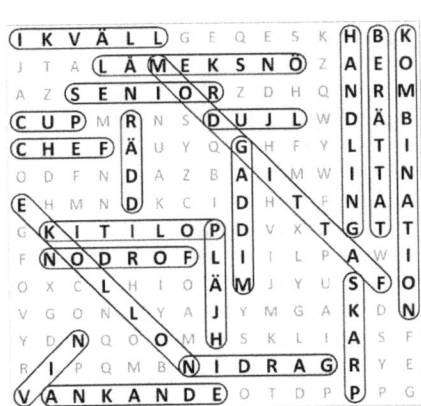

Puzzle 24

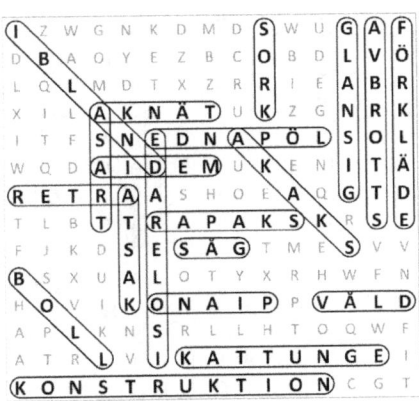

Puzzle 25

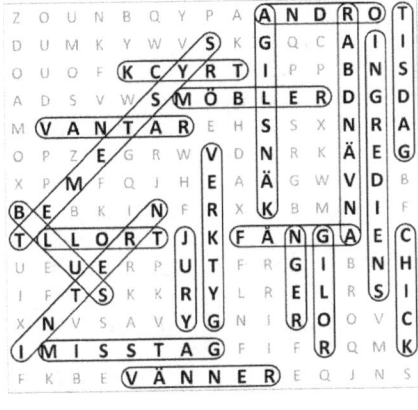

Puzzle 26

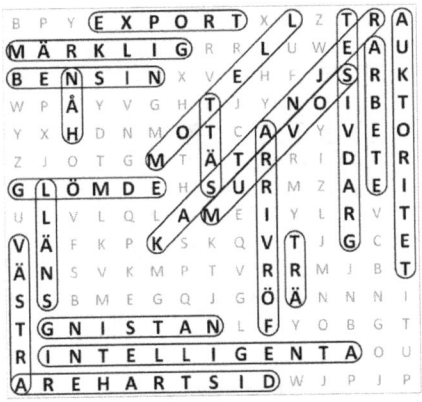

Puzzle 27

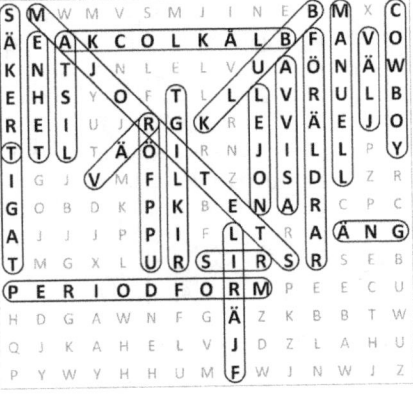

Puzzle 28

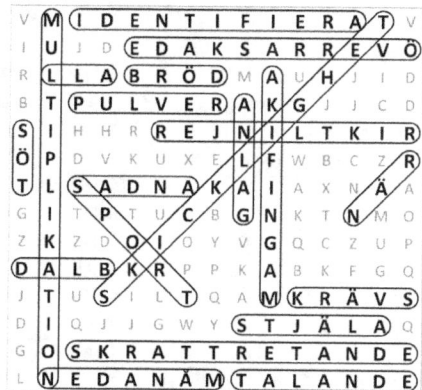

Puzzle 29

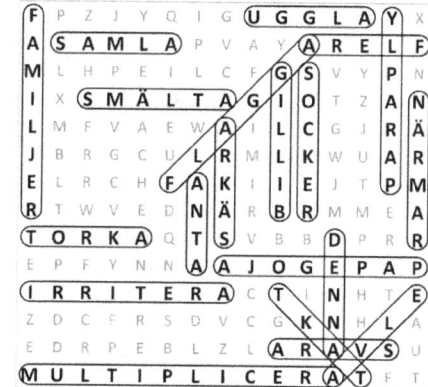

Puzzle 30

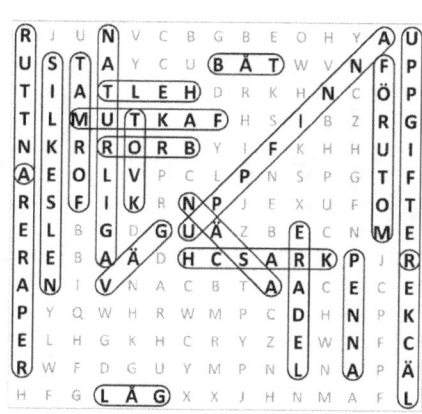

Puzzle 31

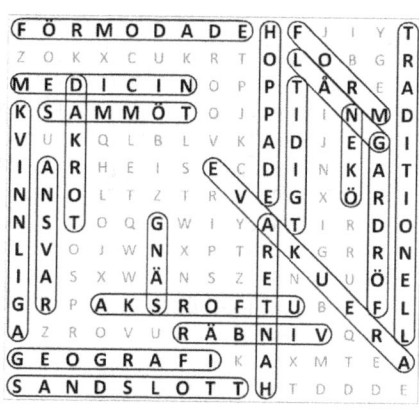

Puzzle 32

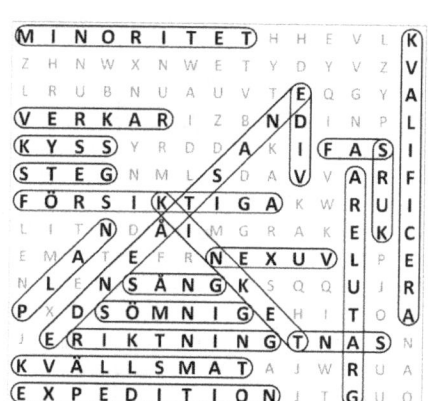

Puzzle 33

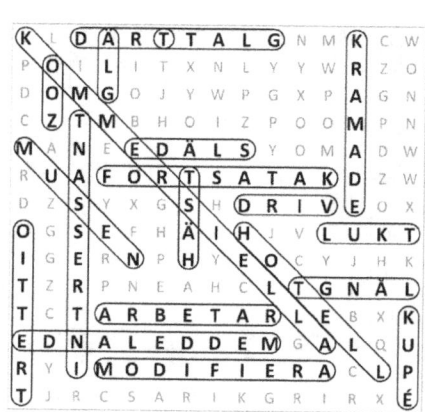

Puzzle 34

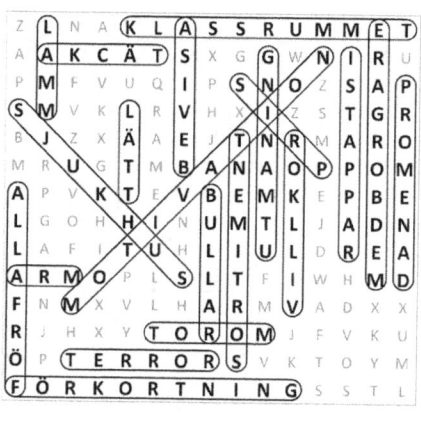

Puzzle 35

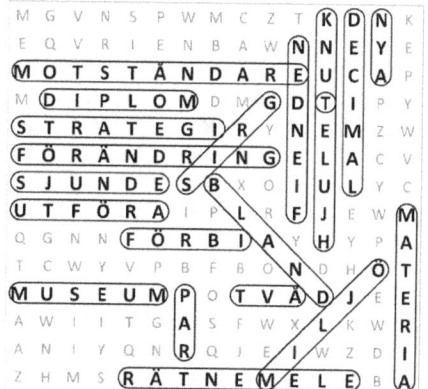

Puzzle 36

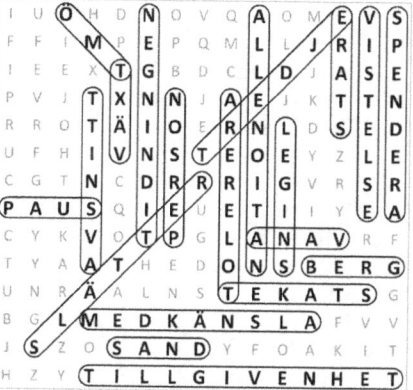

Puzzle 37

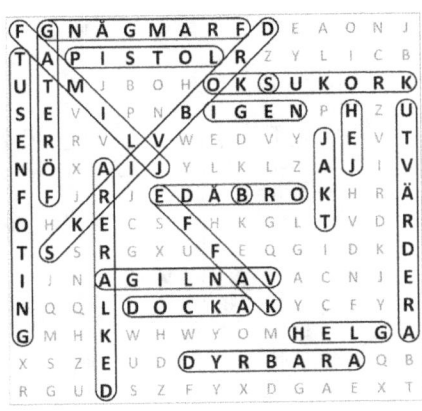

Puzzle 38

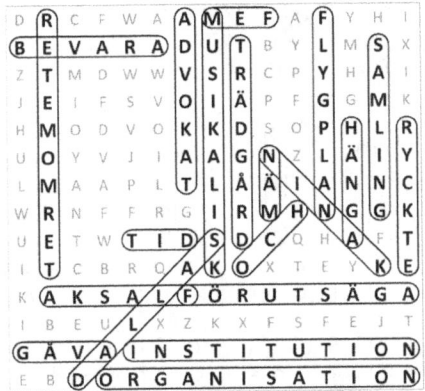

Puzzle 39

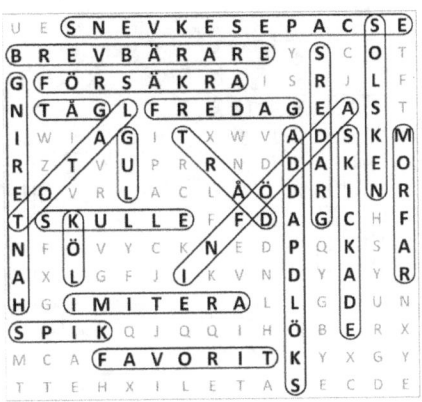

Puzzle 40

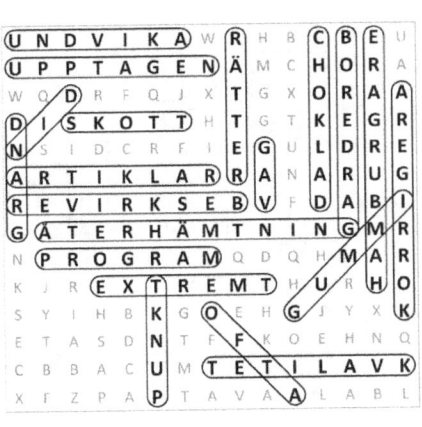

Puzzle 41

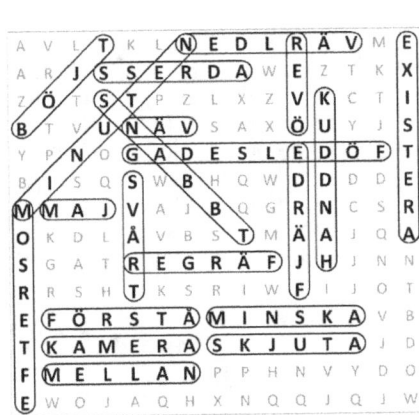

Puzzle 42

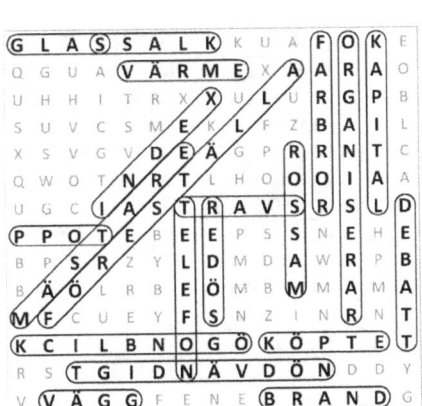

Puzzle 43

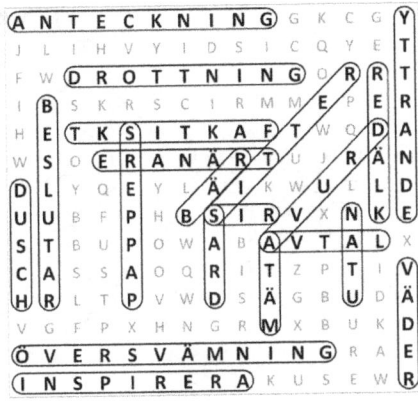

Puzzle 44

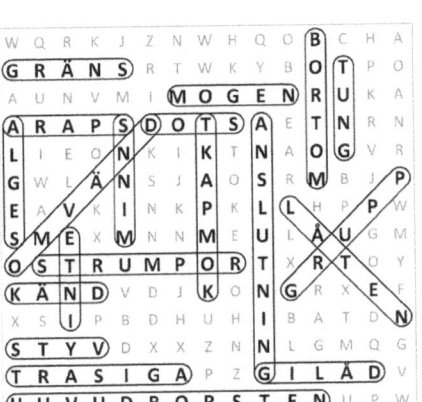

Puzzle 45

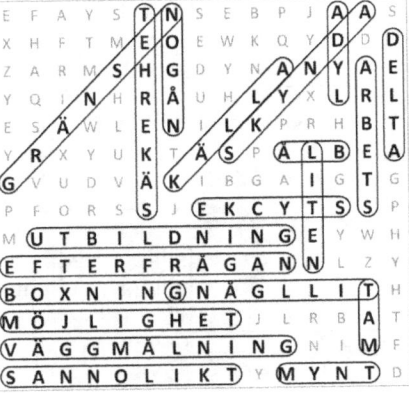

Puzzle 46

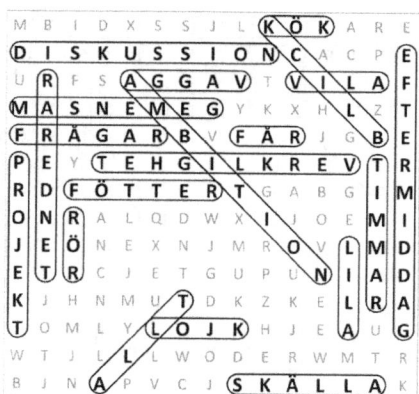

Puzzle 47

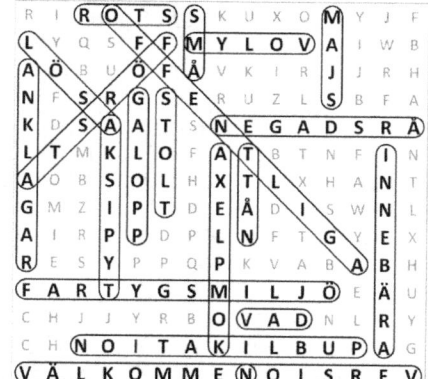

Puzzle 48

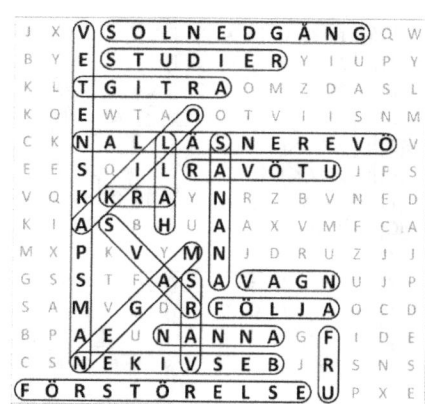

Puzzle 49

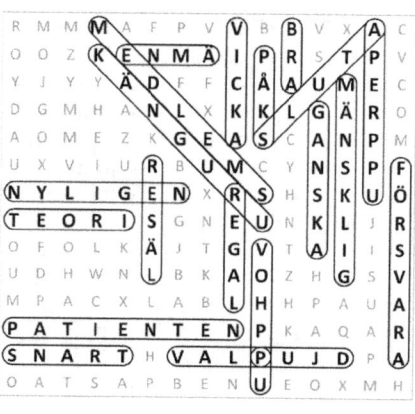

Puzzle 50

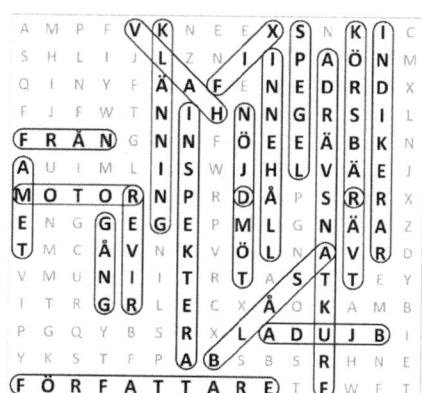

Puzzle 51

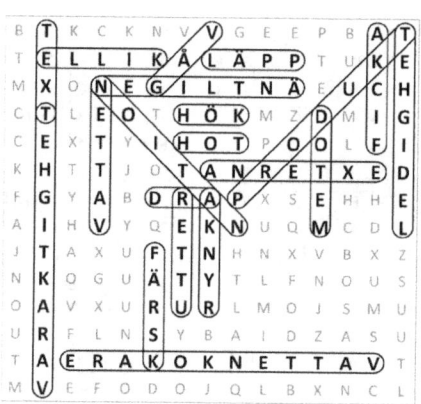

Puzzle 52

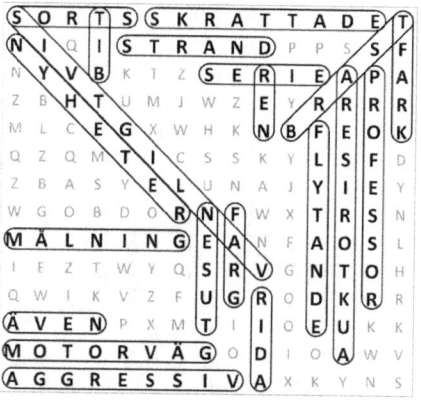

Puzzle 53

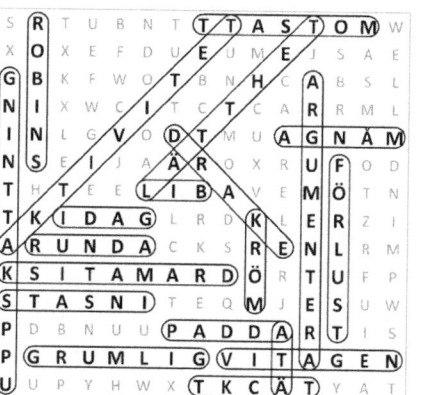

Puzzle 54

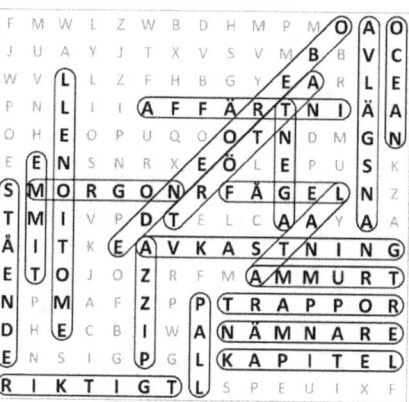

Puzzle 55

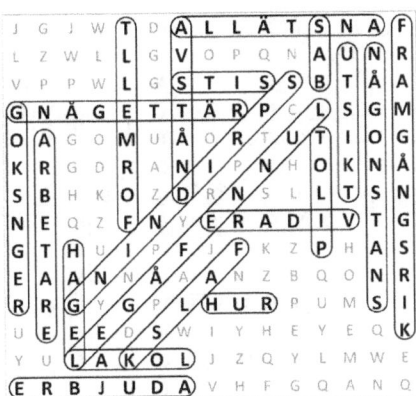

Puzzle 56

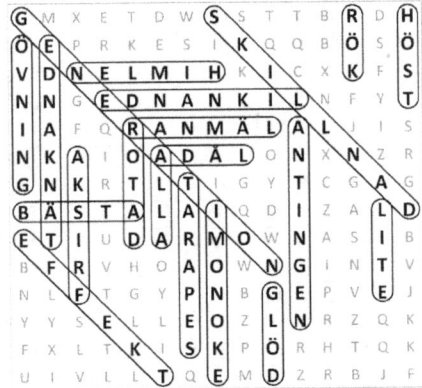

Puzzle 57

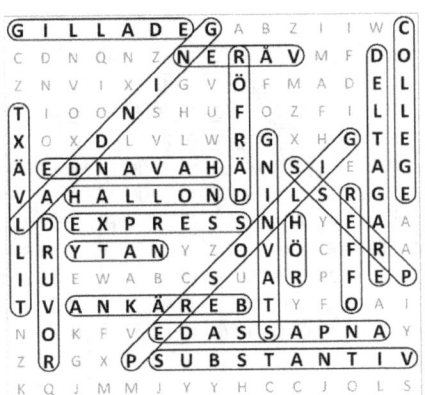

Puzzle 58

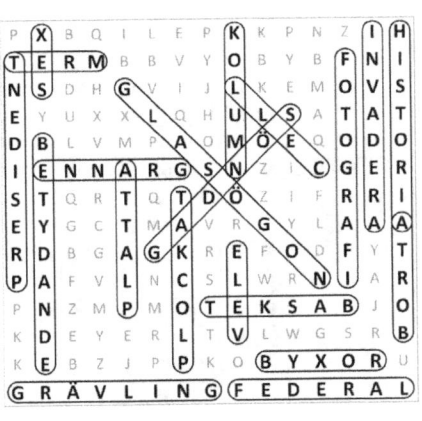

Puzzle 59

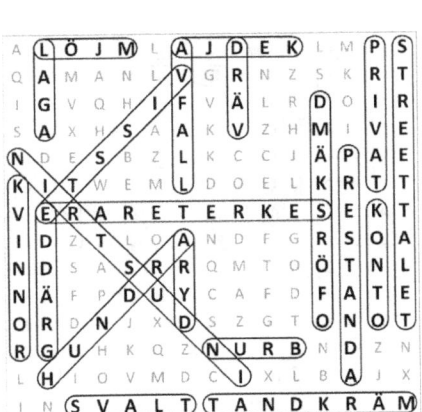

Puzzle 60

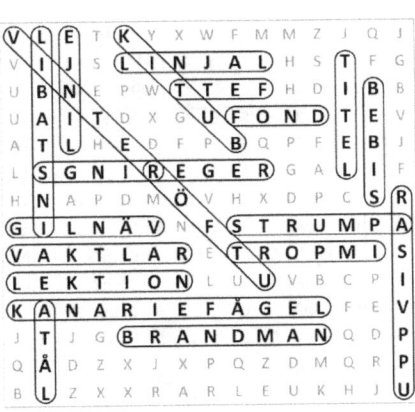

Puzzle 61

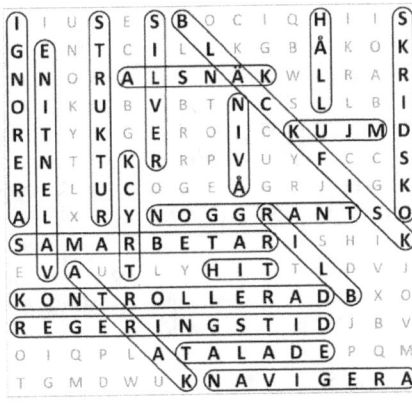

Puzzle 62

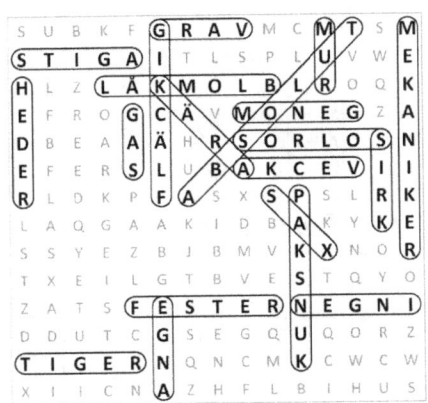

Puzzle 63

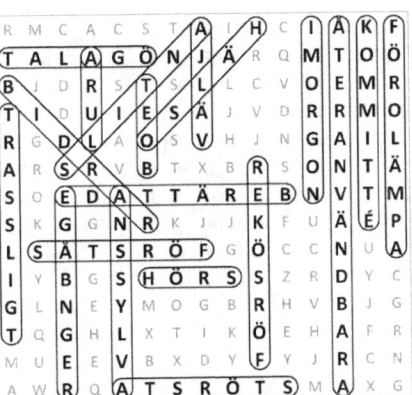

Puzzle 64

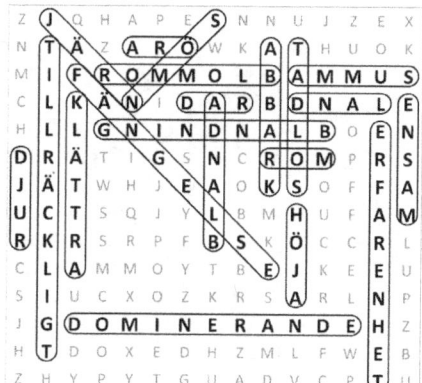

Puzzle 65

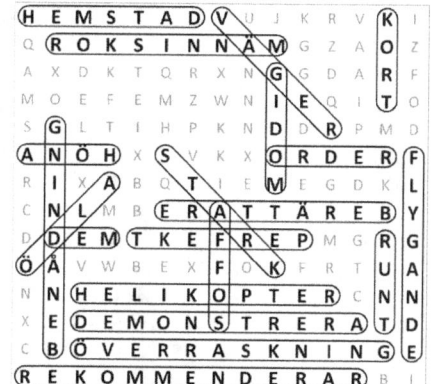

Puzzle 66

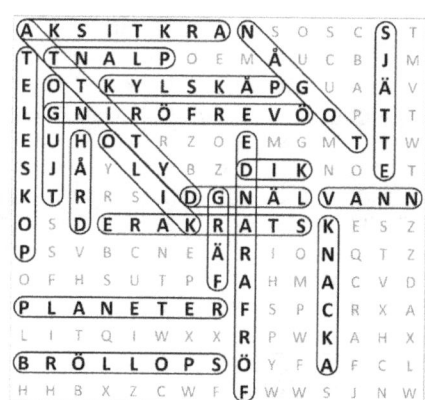

Puzzle 67

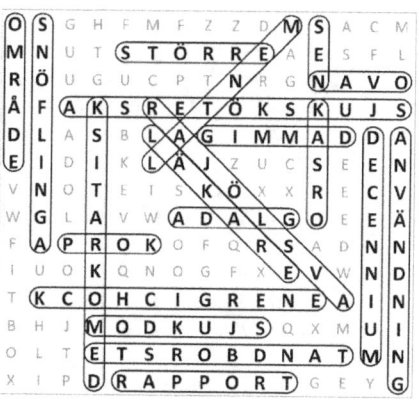

Puzzle 68

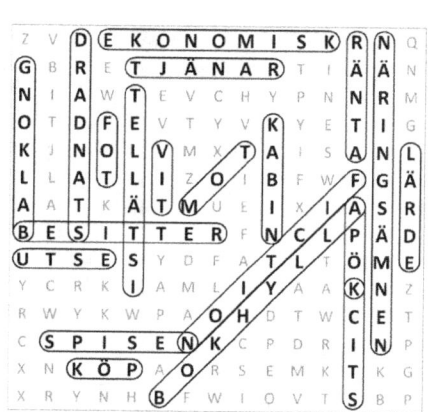

Puzzle 69

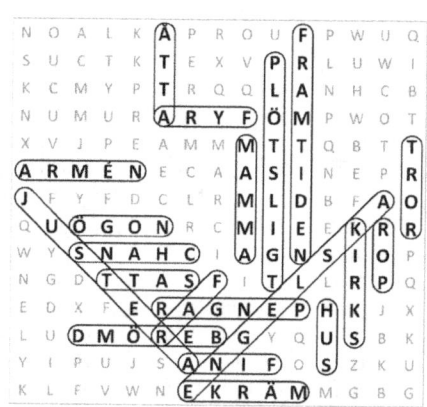

Puzzle 70

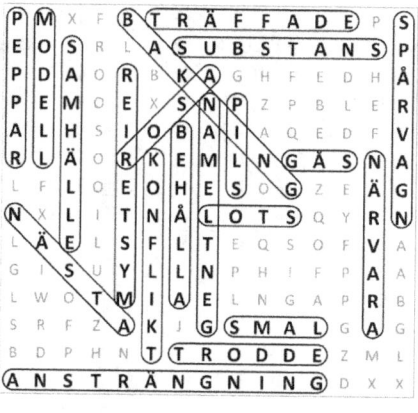

Puzzle 71

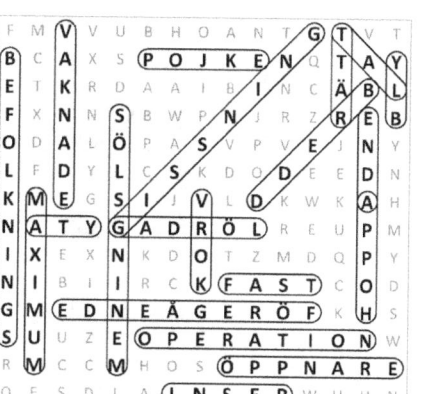

Puzzle 72

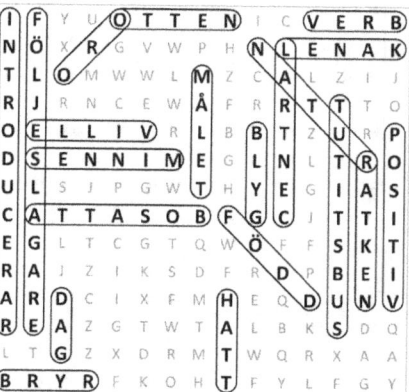

Puzzle 73

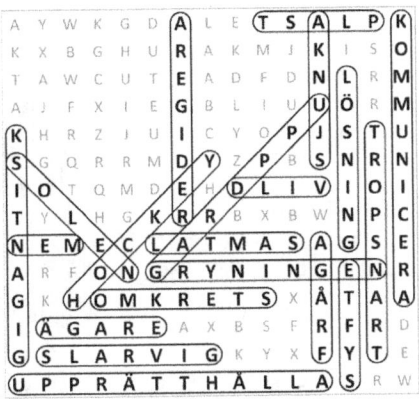

Puzzle 74

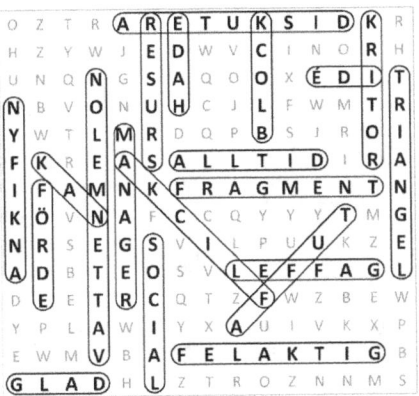

Puzzle 75

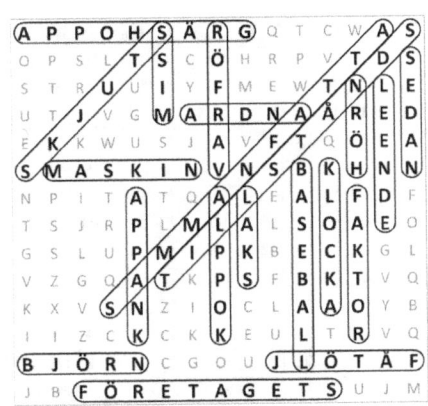

Puzzle 76

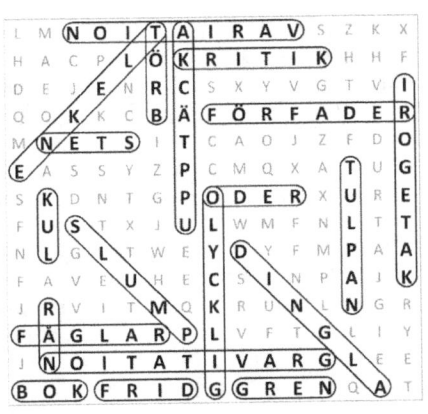

Puzzle 77

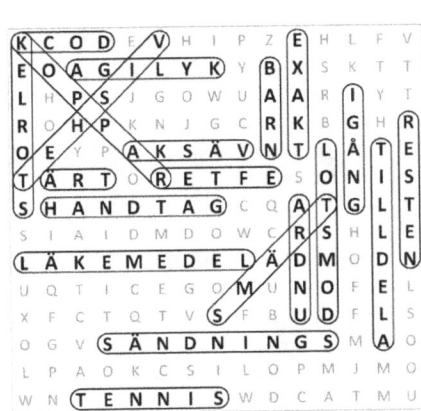

Puzzle 78

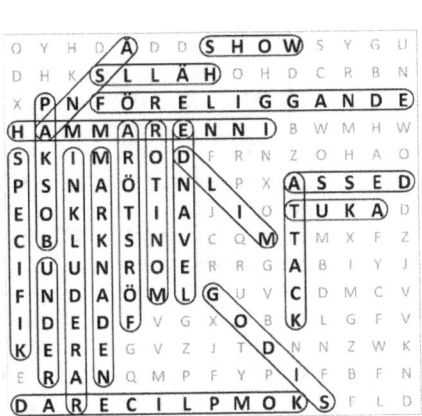

Puzzle 79

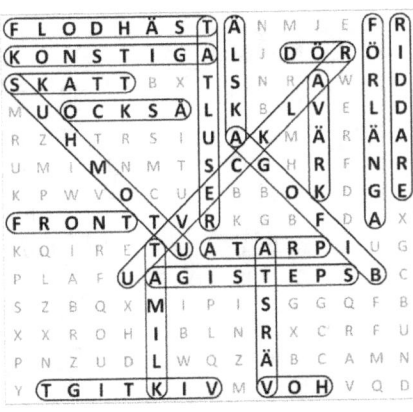

Puzzle 80

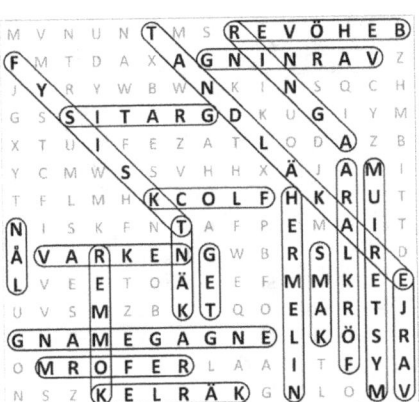

Puzzle 81

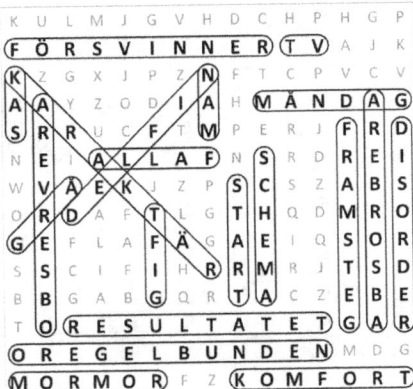

Puzzle 82

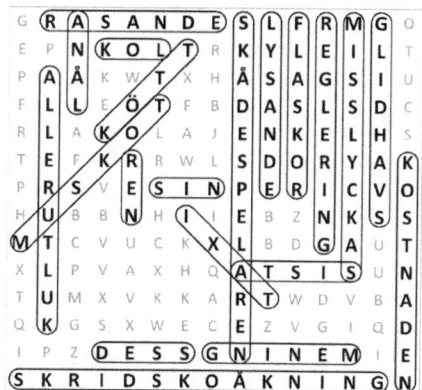

Puzzle 83

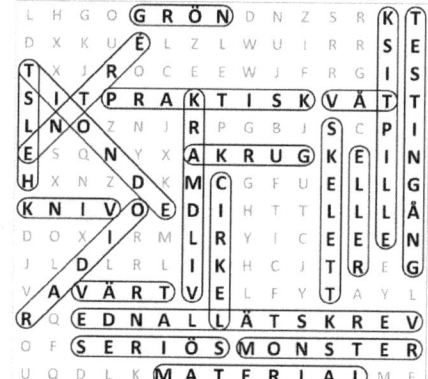

Puzzle 84

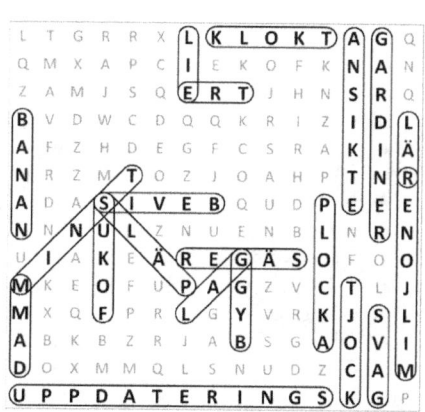

Puzzle 85

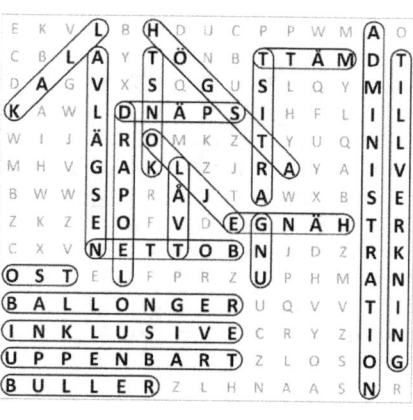

Puzzle 86

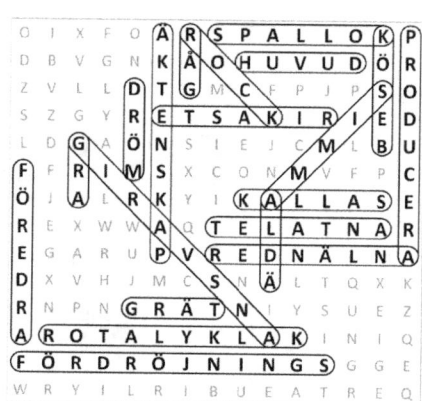

Puzzle 87

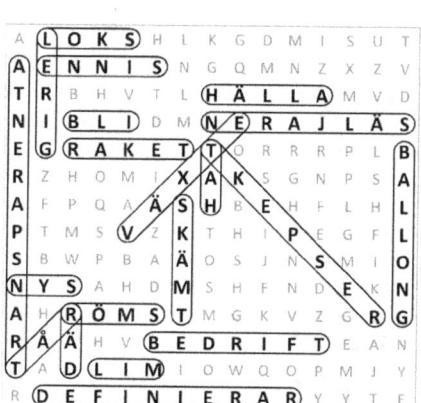

Puzzle 88

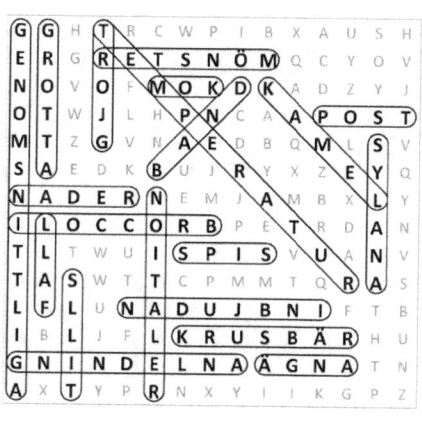

Puzzle 89

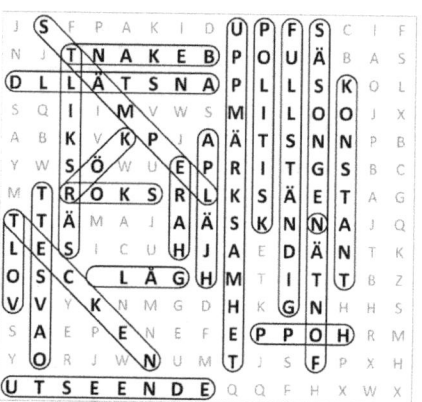

Puzzle 90

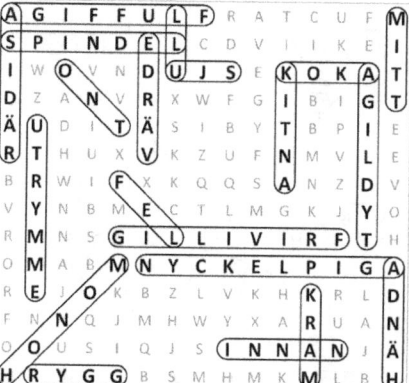

Puzzle 91

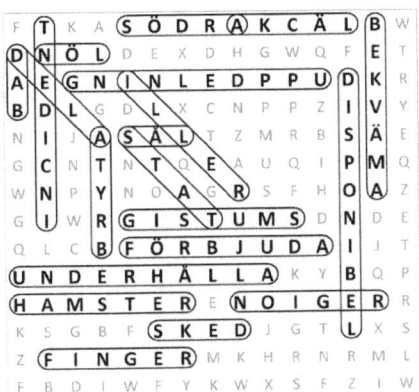

Puzzle 92

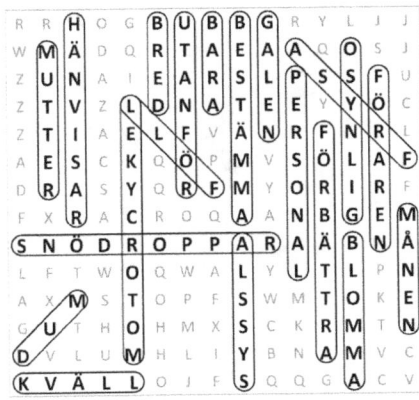

Puzzle 93

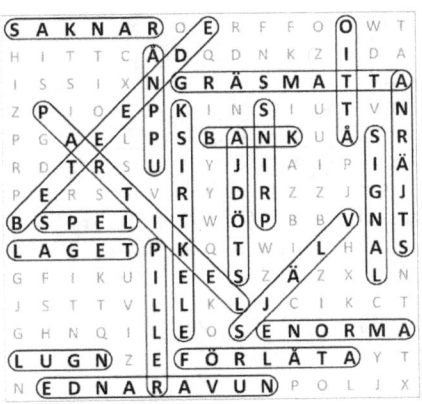

Puzzle 94

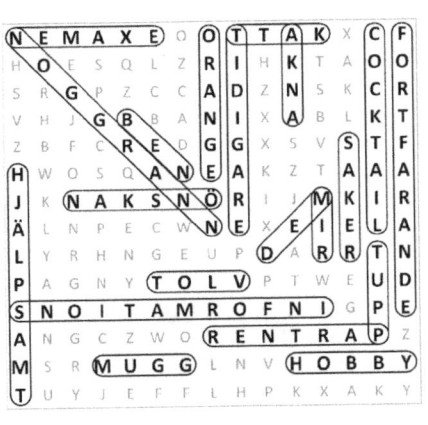

Puzzle 95

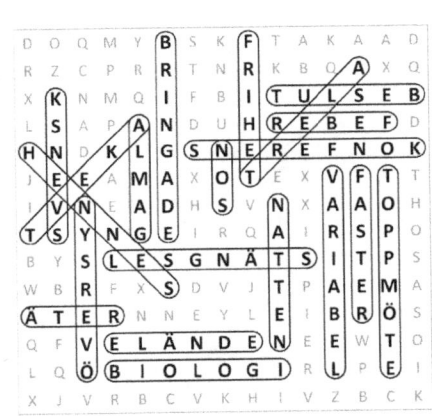

Puzzle 96

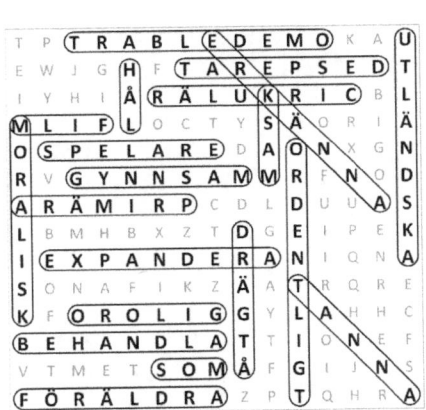

Puzzle 97

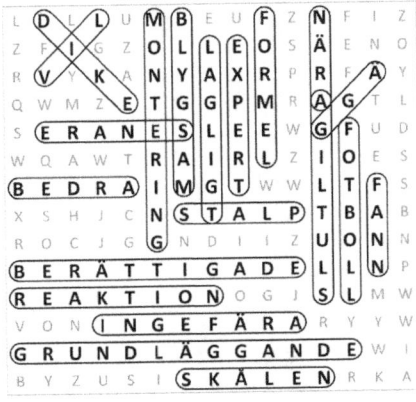

Puzzle 98

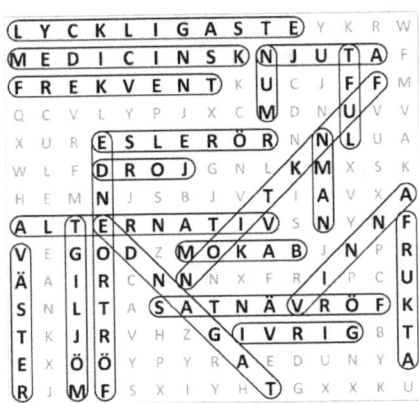

Puzzle 99

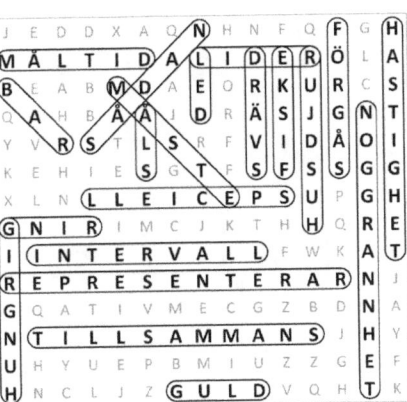

Puzzle 100

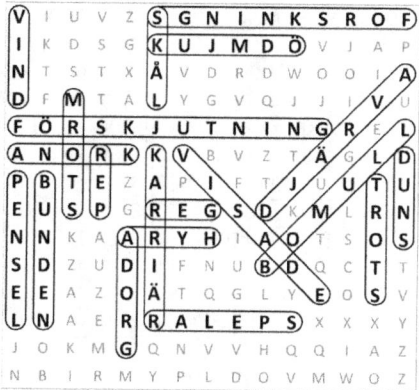

Congratulations

You made it!

We hope you enjoyed this book as much as we enjoyed making it. We do our best to make high quality games.

These puzzles are designed in a clever way to actively spark the brain and make it sharp and quick!
Did you love them?

A Simple Request

Our books exist thanks to the reviews you post on Amazon. Could you help us by leaving a review now?

Here is a short link which will take you to your Amazon orders review page.

BestBooksActivity.com/Review50

MONSTER CHALLENGE!

Challenge #1

Ready for Your Bonus Game? We use them all the time but they are not so easy to find. Here are **Synonyms**!

Note 5 words you discovered in each of the Puzzles noted below (#21, #36, #76) and try to find 2 synonyms for each word.

Note 5 Words from *Puzzle 21*

Words	Synonym 1	Synonym 2

Note 5 Words from *Puzzle 36*

Words	Synonym 1	Synonym 2

Note 5 Words from *Puzzle 76*

Words	Synonym 1	Synonym 2

Challenge #2

Now that you are warmed-up, note 5 words you discovered in each Puzzle noted below (#9, #17, #25) and try to find 2 antonyms for each word.
How many lines can you do in 20 minutes?

Note 5 Words from **Puzzle 9**

Words	Antonym 1	Antonym 2

Note 5 Words from **Puzzle 17**

Words	Antonym 1	Antonym 2

Note 5 Words from **Puzzle 25**

Words	Antonym 1	Antonym 2

Challenge #3

Wonderful, this monster challenge is nothing to you!

Ready for the last one? Choose your 10 favorite words discovered in any of the Puzzles and note them below.

1.	6.
2.	7.
3.	8.
4.	9.
5.	10.

Now, using these words and within a maximum of six sentences, your challenge is to compose a text about a person, animal or place that you love!

Tip: You can use the last blank page of this book as a draft!

Your Writing:

Explore a Unique Store
Set Up **FOR YOU!**

MEGA DEALS

BestActivityBooks.com/**TheStore**

Designed for **Entertainment**!

Light Up Your Brain With Unique **Gift Ideas**.

Access **Surprising** And **Essential Supplies**!

CHECK OUT OUR MONTHLY SELECTION NOW!

- Expertly Crafted Products -

NOTEBOOK:

SEE YOU SOON!

Delta Classics Team